2020年重庆市教委人文社科重点项目“监察体制改革背景下的反腐调查机制比较研究”（课题编号20SKDJ002）

国外反腐调查机制研究

刘 莹 钟依洁 王华剑 著

知识产权出版社
全国百佳图书出版单位
—北京—

图书在版编目（CIP）数据

国外反腐调查机制研究/刘莹，钟依洁，王华剑著. —北京：知识产权出版社，2024.3

ISBN 978－7－5130－8974－6

Ⅰ.①国… Ⅱ.①刘… ②钟… ③王… Ⅲ.①职务犯罪—调查—对比研究—世界 Ⅳ.①D914.393.4

中国国家版本馆 CIP 数据核字（2023）第 216516 号

责任编辑：常玉轩　　**责任校对：**王　岩
封面设计：陶建胜　　**责任印制：**刘译文

国外反腐调查机制研究

刘　莹　钟依洁　王华剑　著

出版发行：	知识产权出版社有限责任公司	**网　　址：**	http：//www.ipph.cn
社　　址：	北京市海淀区气象路 50 号院	**邮　　编：**	100081
责编电话：	010－82000860 转 8572	**责编邮箱：**	changyuxuan08@163.com
发行电话：	010－82000860 转 8101/8102	**发行传真：**	010－82000893/82005070/82000270
印　　刷：	北京中献拓方科技发展有限公司	**经　　销：**	新华书店、各大网上书店及相关专业书店
开　　本：	720mm×1000mm　1/16	**印　　张：**	12.75
版　　次：	2024 年 3 月第 1 版	**印　　次：**	2024 年 3 月第 1 次印刷
字　　数：	185 千字	**定　　价：**	78.00 元

ISBN 978－7－5130－8974－6

前 言

腐败是阻碍社会发展的毒瘤之一，反腐败也是我国法治社会进程中必须积极应对的重要工作任务。在监察体制改革前，我国的反腐败体系由党中央的纪律检查委员会、政府内部的行政监察部门和检察机关的反贪、反渎职侵权部门组成，而监察体制改革后，新建立的反腐机构监察委员会整合了后两者的工作力量，与党中央的纪律检查委员会合署办公，在党中央的直接领导下共同开展反腐败工作。自此，反腐败的重头任务逐渐移交给监察机关，腐败“侦查”转化为腐败“调查”，权力的集中更有利于反腐败工作的开展，打开了我国反腐的新格局。监察体制改革是以习近平同志为核心的党中央作出的事关全局的重大政治体制改革，也是强化党和国家监督的重大战略部署，在总结过往成果的基础上再一次推动反腐败机制的创新升级。

在中国共产党第二十次全国代表大会的报告中，以习近平同志为核心的党中央总结了我国过往开展的史无前例的反腐败斗争，肯定了反腐败斗争取得的重大战果。但就目前而言，我国腐败问题仍然顽固、多发，且依旧存在滋生腐败的土壤和条件。报告中也明确提出我国必须坚决打赢反腐败斗争攻坚战、持久战，取得反腐败路上更大的治理成果。

对各个国家而言，腐败问题都是阻碍社会进步的障碍，影响着各国经济、政治的发展。跨国腐败的趋势也随着全球化进程的推进愈演愈烈。各个国家不仅依据自身国情，建立起有特色、有成效的反腐调查机制，也分别加入了不同的反腐败国际公约，致力于国内、国外腐败的双向治理。反腐工作的展开，不仅需要立足本国国情，还需要结合时代发展，借鉴、参考他国优良经验。

从腐败犯罪的侦查职能视角来看，目前世界范围内主要国家和地区的司法调查职能呈现出三种基本类型。第一种类型：由普通司法机关对腐败犯罪进行侦查。其中在英国、美国、澳大利亚等英美法系国家的主导者为警察机关，传统上英美法系国家的检察官没有或者仅有极为有限的侦查权，主要由警察机关对腐败犯罪进行侦查。而在大陆法系国家，刑诉法赋予了检察官职务犯罪侦查职能，检察官成为腐败犯罪案件侦查的主导者。第二种类型：由独立的专门侦查或调查机关对腐败犯罪开展侦查或调查。典型的有新加坡的“反贪污调查局”、我国香港和澳门地区的“廉政公署”以及2018年我国成立的监察委员会。这类专门侦查或调查机关具有独立于行政权的属性，法律赋予其相当大的调查权，往往在反腐调查机制中起到至关重要的作用。第三种类型：成立临时性独立调查部门。最具代表性的就是美国和韩国的独立检察官制度。从“水门事件”、美前任总统的“通俄门”，到韩国的“闺蜜门”等受到国际社会广泛关注案件中，都可以看到独立检察官的身影。从调查主体设置的角度去分析，美国和韩国都没有独立的反腐侦查机构，对于部长以上的高官腐败案件，尤其是官至最高行政首脑的案件，仅仅依靠普通的司法调查机构——警察或者是检察官，既不具有独立性又缺乏权力支撑，难以应对高官腐败。因此，可以将独立检察官制度视为普通司法机关运行背景下严重腐败案件调查的有效“救济”手段。

然而，一个国家的反腐调查机制不只有专门侦查机关的犯罪调查，还包括立法、行政的不同机关的调查，以及赋予这些机关调查权限的反腐败法律。为此，本书以不同法系、腐败情况以及反腐调查机制的国家的腐败案件为样本来分析其反腐败调查机制，其中既包括传统上的英美法系国家英国、美国，也包括大陆法系国家法国、意大利；既包括腐败案频发的韩国、俄罗斯、印度，也包括清廉指数排名一直靠前的瑞典和澳大利亚❶。通过对上述几个国家反腐调查机制的考察与比较，分析优势、挖掘不足、提炼经验，以为进一步完善我国的反腐调查机制提供一些思路或启示。

❶ 本书所引“清廉指数”及各国排名数据皆来自总部位于德国的非政府组织“透明国际”历年所发布的统计结果。此机构及其发布的数据在国际范围内具有一定的影响力，但该机构的人员构成、价值理念、运作资金以及指数来源均有浓厚的西方背景，其统计数据及各国排名仅供参考。

目　录

第一章　韩国的反腐败调查机制

韩国作为亚洲东北部的发达资本主义国家，虽然其建国时间较短，但经济发展迅速，几十年间便成为“亚洲四小龙”之一。然而，经济高速增长背后，权力腐败一直是韩国社会的痛点。朴正熙的第三共和国开启了韩国历史上真正意义的反贪治贪进程，虽以失败告终，但也引起了韩国社会对反腐工作的重点关注与后续突破。

如今，从韩国频频爆出的历任总统的腐败案例可以看出，腐败已经侵入韩国社会各个领域。2022 年，韩国前任总统的腐败丑闻被曝光。其在任时，5 年内向“电力产业基础基金项目”投入约 12 万亿韩元，以发展太阳能产业，而这一项目内存在的腐败案件便已高达 2267 起，不当贷款金额高达 1.8 千亿韩元，滥用职权、非法行职、伪造文书等行为层出不穷。现任总统已经命令彻查此事，但群众普遍认为调查只能披露冰山一角，且大概率会以前总统的个人腐败为由结束此案，背后隐藏的腐败集团仍然无法触及，其反腐进程还有很长的路要走。

一、反腐历程回顾

2021 年，韩国在国家清廉指数（CPI）[1] 报告中排第 32 位，得分为 62 分，高于前一年的第 33 位（见表 1－1）。在过去几年里，韩国的国际排名持续上升，表明韩国政府在持续推动反腐工作。即便如此，腐败问题仍然是韩国社会治理领域的“重头戏”。

---

[1] 本书中的清廉指数均为“透明国际组织”公布的数据。

表1-1 韩国2016—2021六年间在“国家清廉指数”的排名

年份	清廉指数	国际排名
2016	53	52
2017	54	51
2018	57	45
2019	59	39
2020	67	33
2021	62	32

韩国在20世纪60年代正式开始工业化。在之后的30年间，实现了惊人的经济增长，其年均经济增长率为7%～8%。然而，不幸的是，韩国虽然实现了经济上的高速增长，但其政务透明度和官员道德问题并未得到应有的关注。韩国政府在一定程度上为了国家经济的增长而“默许”腐败的存在，使得经济增长长期处在违法和腐败的阴影下，衍生出了一系列腐败行为。为此，韩国政府尝试采取措施，侦查和惩治此类腐败或腐败行为，以期能够重振清明的政治氛围和良好的经济发展环境。但是，腐败行为与经济发展的深度捆绑，直接导致韩国政府所采取的改善效能措施难以发挥作用。

韩国近年来的反腐历程可概括为如下三个阶段。

第一阶段，建立反腐败制度雏形。在20世纪90年代中期的经济危机后，“经济合作与发展组织”（简称OECD）在1997年颁布了《禁止在国际商业交易中贿赂外国公职人员公约》（简称《OECD反贿赂公约》）对跨国商业贿赂行为进行规制和打击，这一公约的出台推动了影响韩国整个社会系统的反腐运动——彼时韩国在经济危机的影响下，腐败形势严峻，尤其是商业贿赂特别突出。在这一系列的运动中，非政府组织指出制定反腐败法和建立一个独立的反腐败组织的必要性，在此基础上，韩当局于2002年实施了《反腐败法》，并随即成立了反腐败委员会。反腐败委员会是韩国第一个独立的反腐败组织，负责“制定、完善和实施相关法律和制度以落实反腐政策”。

第二阶段，构建完善反腐法律体系。随着《反腐败法》的颁布和反腐败委员会的成立，韩国政府相继提出了反腐败和国家诚信标准，全面开展反腐败立法工作。韩国政府把反腐作为重中之重，国家反腐败制度也愈加体系化，先后制定并修订了多部反腐败法律，形成了以《反腐败法》为主，包括《公职人员伦理法》等在内的反腐败法律体系。这一系列反腐制度体系的构建，使得反腐政策法制、廉洁评价、廉洁教育、公职人员行为规范等预防措施，以及受理和处理腐败举报、保护和补偿举报人等事后控制措施都得到了保障并呈现出稳步推进的局面。

第三阶段，扩大与公民权益相关的反腐败职能。2012 年，国民权益委员会（National Human Rights Commission）成立。从民众的角度来看，该委员会的成立使得权利行使和救济的窗口得到了统一，提高了公民权利行使的可达性和效率。尤其是在处理公职人员违法或不正当行为过程中的腐败行为以及申诉和投诉过程中的腐败时，该委员会为保护人民权益和防止腐败提供了一个更为便利的解决平台。后续相继颁布的《公共利益记者保护法》、《金英兰法》（Kim Young - ran Law，又名《禁止不当请托和收受财物法》）、《公职人员利害冲突防止法》等，不断补充和完善现有反腐败政策的盲点。

从历史背景来看，韩国现代腐败开始于朝鲜战争时期，战争导致军队地位大幅提升，威权政体迅速席卷韩国。战争结束后，军队官员利用战争时期积累的政治财富，跨入行政体系作威作福，这便是一开始的“政军勾结”。而后，政府为了促进经济增长，采取各种措施给予企业优惠，甚至为财阀提供政府担保，推动资本积累。依靠政府的企业和财阀迅速壮大，影响力愈加深远，政治介入经济后的负作用愈加凸显，经济也开始侵入政治体系中，逐渐成为影响政治、左右行政的重要因素。“政经癒着”成为最突出的腐败现象，最典型的便是“政治献金”，即财阀向政客实施资金贿赂，拉拢政治势力为以后的企业发展提供担保，铺好道路。如今，舆论、新闻媒体作为主要的信息传播途径，是政党和财阀不可忽视的权力手段。财阀广泛控制媒体以影响政治成为韩国一大特色，几大媒体相互对峙，背后都是财阀在政治局面上的博弈。军事因素虽逐渐淡出舞台，政、经、言的腐败勾结仍广泛存在，且彼此间的捆绑程度日益加深。

同时，东北亚社会特别注重情分，衍生出了利用血缘、地缘、学缘等连带关系帮助实现个人利益的请托文化，尤其在韩国，任人唯亲俨然已成为一种社会潜规则，这也是腐败现象的重要体现。如每届新政府上台，上至政府重要部门的领导，下至普通机构的负责人，都会被换为竞选中的支持者。最初，民众对顺之者昌、逆之者亡的现象也是嗤之以鼻，然而长期浸润在这种文化氛围里，当局者对此视而不见，此现象愈演愈烈，民众就会对该类现象漠视、麻木和司空见惯。更何况一旦成为受益者，对利益的欲望只会驱使他们进一步利用腐败手段实现自己纸醉金迷的生活，这不仅严重制约社会的进步和发展，同时还形成了独特的“腐败民俗学”❶。

二、重要反腐法律依据

韩国的反腐败法律相对来说比较繁杂，但仍能从整体上进行体系化概括。首先，关于腐败的最基本法律是《刑法》(*Criminal Law*)，还有关于公职人员道德的法律，如《国家公务员法》和《公务员道德法》。其次，针对特定犯罪制定了《特定经济犯罪加重处罚法》(*Act on Aggravated Punishment and so on of Specific Economic Crimes*）和《特定犯罪加重处罚法》，扩大了《刑法》的犯罪惩处范围。再次，针对公共部门腐败行为，还有《不正当教唆和贪污法》，填补了惩治公共部门腐败的空白。而后，通过《药事法》《医疗器械法》和《医疗服务法》对《刑法》进行补充，并就私营部门中不受《刑法》规制的腐败行为进行了规定。最后，韩国立法机构先后制定的《反腐败法》和《关于腐败防止与国民权益委员会设立运营法》明确了公共部门雇员行为准则，并对利益冲突和资产披露行为进行了

❶ 余澄：《韩国反腐进程中国家廉政治理体系研究》，博士学位论文，华中师范大学，2017 年。

进一步规范。

（一）《刑法》

韩国于1945年在继受日本法律的基础上制定实施了韩国的现行刑法。由于编纂成员法律基础薄弱，制定较为匆忙，加之时代背景日新月异，该刑法并不能很好地适应韩国实务需要。随后，韩国在1975年、1988年、1992年、1995年、2001年、2004年、2005年和2013年通过修正案、修订案等方式，对刑法内容进行修改、调整，逐步形成今日所广泛适用的《刑法》。

《刑法》将公共和私营部门的贿赂行为以及其他几种形式的腐败行为全部界定为刑事犯罪，具体包括主动和被动贿赂行为、腐败未遂、国内外的便利费、贪污、敲诈勒索、贿赂外国官员、洗钱和滥用职权。该法典明令禁止以下形式的贿赂：一是禁止公职人员或即将成为公职人员的人接受、索要或承诺接受与其职责有关的贿赂；二是禁止公职人员在接受与其职责有关的不公正招揽时，向第三方行贿、索要或许诺贿赂；三是禁止公职人员利用其职位接受、索要或同意接受贿赂，利用职务处理属于其他公职人员职能的事务。而判断贿赂的主要要件之一则是贿赂是否与公职人员的职责有关，也即在向公职人员提供金钱和贵重物品的情况下，若需判断该行为是否可归类为贿赂，取决于该行为是否与公职人员的职责有关。

（二）《金英兰法》

《金英兰法》又名《禁止不当请托和收受财物法》，自2016年9月28日正式实施以来，引起全国上下对腐败问题的莫大关注，号称韩国史上最严厉的反腐败法，也是世界上独一无二的框架性反腐败法。这部法律是由曾任反贪官员、国民权益委员会委员长、韩国第一位女性大法官的金英兰提出。起因是在某案的调查中因无法查出公职人员收受贿赂及其职务的关联性，不得已对明显有罪者作出无罪判决，这一案例透露出韩国已有反腐败的僵化和缺陷。但由于涉及公职人员的重大利益，该法律的制定困难重重，受阻颇多，一度遭到搁置，直到2014年“岁月号”沉船事件爆发后，“政经瘾着”的腐败现象愈加凸显，才加速了该部法律的出台。

《金英兰法》为《刑法》提供了兜底，填补了难以查证的相关空缺，其重点在于打击三方面的腐败行为，不正当请托、收受财物以及外部讲课酬劳。不仅如此，该部法律扩大了公职人员的界定范围，适用对象远远大于其他法律，如代理政府机关、国有企业及其控制的公司和分公司的公职人员、学校老师和媒体记者等，可见其惩罚力度之大，也体现了清除腐败行为的决心。与此同时，考虑到现实需要，该法还制定了“3·5·10”法则与百万韩元“红线”，规定了公职人员在相关领域的合法收受金额范围，给予合理的金钱往来空间。

《金英兰法》得到民众的大力支持，在随机民调中，逾七成民众表示支持该法的适用，且逾一半民众表示该法“有望根除贪污腐败行为、营造清廉的社会氛围”[1]。而在此后的执法中，该法确实发挥了较大的作用，营造了清廉的社会风气。举一案为例，某商人为认识多年的官员庆祝升职，送予100万韩元的礼金（人民币5300元）以及30万韩元（人民币1600元）的餐食费用，且未提及任何请求。该官员事后意识到问题所在，归还了相关礼金与钱财，并自愿上报。后被处以缓刑，并处刑事罚金100万韩元。[2] 可见《金英兰法》使得公职人员“不敢”犯罪，使他们具备高度警戒性。虽然涉及真正高级别政府官员的案件屈指可数，但《金英兰法》仍存在很大的适用与发展空间，其事后打击力度已然追溯至事前的预防功能，可有效遏制腐败行为的发生。

---

[1] 《民调：逾七成韩国人支持史上最严反腐法》，载韩联社，https：//cn. yna. co. kr/view/MYH20161007016900881?section = search，访问日期：2016年10月7日。

[2] 缪青：《韩国〈金英兰法〉——回顾五年执法历程》，载合规网，https：//mp. weixin. qq. com/s/Sz8Gxul1MqAKMwWOsEdnzg，访问日期：2022年2月14日。

（三）《特定经济犯罪加重处罚法》

《特定经济犯罪加重处罚法》是专门针对特定经济犯罪行为的一部法律，其中特定经济犯罪行为包括诈骗、侵占、渎职等涉及财产、涉案金额超过5亿韩元的行为，该法规定，违反相关法律的犯罪人从刑期结束或执行中止当日起，五年内不得在特定单位就业，包括金融公司等国家、地方政府全部或部分出资成立或接受政府资助的机关单位，以及与犯罪行为密切相关的企业单位等。[1]

三星电子副会长李某某曾二度违反《特定经济犯罪加重处罚法》。2021年，李某某因参与“亲信干政门”事件，经多次调查、审判后，最终认定其贪污、侵吞86.8亿韩元，远远超过该法规定的涉案金额。法院判处其2年零6个月有期徒刑，并带有就业限制处罚，即至少5年后才能重掌三星事务。后李某某涉嫌在国外成立空头公司逃税及隐匿犯罪所得，被韩国正义党以违反《特定经济犯罪加重处罚法》等相关法律为由向检察机关控告，由于涉案金额不明被移交警察机关，最终以证据不足为由决定不移交审查起诉。

三、现行反腐调查机制

在如今的韩国，除了传统的执法机构助力反腐败进程外，还有一部分国家机构是为了执行各自领域内的反腐败任务专门设立的，且随着时代发展不断完善各自的职能与机构运行。

（一）检察机关的反腐侦查职能

检察院（Public Prosecutor's Office）在韩国是很特殊的存在，有时会让

---

[1] 《三星电子副会长李在镕获假释引争议》，载《法治日报》环球法治，http：//epaper.legaldaily.com.cn/fzrb/content/20210816/Articel06003GN.htm，访问日期：2021年8月16日。

总统和财阀都闻风丧胆。检察院属于法务部下的行政机构，其对刑事案件享有侦查、起诉和终结的决定权，实行的是检察官独任制，即检察官在案件中能够独立作出决定，并自行承担全部责任。这意味着检察机关不受其他机关干预，具有极高的独立性。

检察机关由上而下分为三个级别：大检察厅、高等检察厅、地方检察厅及地方检察厅支厅。大检察厅是最高国家检察机关，负责管理和监督其他下级检察机关的运行与工作，其检察总长可以管理和指挥所有检察工作，可见其权力之大。高等检察厅则属于中等级别，分别设立于韩国几个主要城市，除了负责普通诉讼外，还会在检察长的监督下处理抗诉案的诉讼，并代理进行以国家为对象的诉讼及行政诉讼。地方检察厅是最低级别的检察机关，分别位于韩国各地，地方检察厅支厅则设在地方检察厅的相关管辖区，以便更加具体地执行地方检察厅的任务与落实职能。所有的地方检察厅及地方检察厅支厅都分为两大分科，检察及起诉分科，另外还有处理行政工作的事务局分科。这种分科根据犯罪、特殊侦查、刑事起诉、公安、毒品及组织犯罪侦查分科等专业领域不同而被进一步划分。

大检察厅下设不少部门，有公安部、刑事部、监察部等。其中，针对腐败问题，大检察厅单设了反腐败部。反腐败部的设立初衷是为了深层分析不良社会风气及病理现象，根除腐败行为，其属下有侦查指挥科与侦查支援科。侦查指挥科负责指挥和监督针对公务员、公共团体、国营企业员工、律师、其他从事法律事务者的犯罪案件以及金融、证券、租税、公正交易、高科技犯罪案件、检察总长下令的案件；此外，侦查指挥科还处理其他机关移交至大检察厅的有关犯罪案件的信息。侦查支援科对于侦查指挥科所负责的案件提供侦查援助，负责有关追讨和回收犯罪所得工作，以及进行国际侦查协助等有关侦查之国际合作工作。[1]

刑事调查，亦可以称为侦查，主要步骤有开始调查、立案、侦查、检

---

[1] 《检察厅简介》，载大韩民国大检察厅官网，https：//spo.go.kr/site/chn/01/10103010000002018121604.jsp，访问日期：2022 年 10 月 4 日。

控。首先是开始调查，由受害人报案、控告或犯罪人自首启动。其次是立案，即侦查机关立案侦查，也即侦查机关在以刑事案件为侦查对象时，会在“案件簿”上附上编号，记载案名和个人信息，并根据是否犯罪或收到投诉或指控来立案。然后是侦查，即对嫌疑人的调查原则上采取任意性措施，但必要时可以采取强制性调查措施达到目的。但在一般情况下，强制处分权的行使，仅限于相关法律有特别规定的情况，并且只能在规定的最高限度内进行。关于调查所需的事项，可以向公共事务所及其他单位查询，并要求相关单位报告所需事项。最后是检控。韩国原先实行国家检察制度，法律规定由检察官提起并实施公诉。司法警察的侦查笔录和证据，必须移送给检方。法警向检察院提起案件诉讼时，对调查结果进行汇总，并发表起诉意见，公诉人则负责对嫌疑人提出控告，即将其送到刑事审判阶段，这个过程一般被称为起诉，被控告的人则被称为被告人。

在警察机关成立反腐败公共犯罪调查科调查腐败犯罪以前，韩国的刑事调查机构只有检察官和警察，而后随着腐败犯罪形势的发展增加了公调处（the Corruption Investigation Office for High - Ranking Officials）。当然，在对腐败犯罪案件调查时，既有特别司法警察介入，也有特别检察官（Special Prosecuter）的调查，但这种现象仅限于某些问题或暂时性现象。通常大部分案件都是由警察机关先进行调查，由检察机关进行指挥实施的，在调查终结后，所有案件都交由检察机关处理，这种合作调查的模式实现了检警一体，但也正因为如此，才使得对检察机关和警察机关进行区分没有太大的意义。且在过去，检察机关几乎垄断了侦查权，致使警察机关不得不处于辅助地位。

而后，文在寅政府为了建立国民当家作主的政府，将“检察改革”作为国家机构改革的主要任务。新修订的《刑事诉讼法》和《检察厅法》颁布后，检察机关的侦查权与起诉权被分离，检察范围从“腐败、经济、公职人员、选举、军工项目、大型事故等总统令规定的重大犯罪”，缩减成“经济、腐败犯罪等总统令规定的重大犯罪”，其余犯罪均移交给警察机关查办，且检察官不得对本人侦办的案件提起公诉。检察机关指挥警察机关的权力被取消，甚至在此基础之上，随着警方直接调查范围的扩大，一线警察厅将产生类似于检察机关反腐败调查部的调查部门。然而，对于腐败犯罪问题，法律保留了检察机关的优先权力，这意味着检察机关在腐败案件中仍然有垄断的侦查权，警察机关在腐败案件中仍然处于辅助地位。

（二）特别检察官制度

2016 年 10 月 24 日，韩国 JTBC 电视台报道了时任韩国总统“亲信门”丑闻。随后，该总统在青瓦台发表《致国民书》，承认大选时及就任总统后曾就部分资料征求过亲信意见，并就此事向全体国民道歉。2016 年 11 月韩国国会通过法案，针对“亲信干政”事件任命特别检察官并成立特检组展开调查。前首尔高等检察厅长朴某某成为调查该案的特别检察官。

1999 年，韩国借鉴美国独立检察官制度出台了第一部特别检察官法，由此建立起韩国独具特色的特别检察官（Independent Prosecutor，又译独立检察官）制度[1]。特别检察官制度规定，在发现高级公职人员的不正之风或不当行为指控时，调查和起诉应由“独立检察官”负责，而不是由可能受政权影响的正式检察官负责。为此，特别检察官具有高度的独立性和中立性。

特别检察官的设立与否由国会根据特别检察官法案决定，决定设立后，由相同人数的执政党和在野党组成的特别检察官推荐小组各自推荐一名特别检察官候选人，再报请总统从中选取一名担任。其中，担任者必须具备法官、检察官或律师资格，且具有丰富的实务经验。也就是说，比起检察官，特别检察官的资格要求更高。

特别检察官一经任命，其职务等级相当于高等检察厅检察长，特别检察官享有普通检察官的所有职权，还有权指挥、监督所属检察官协助办

[1] 本书中提及的特别检察官等同于独立检察官，两种表述目前被我国新闻媒体及学界混同——作者注。

案。但与此同时，其权力也有所限制，如办案期限会由国会通过的特别检察官法案明确规定，申请延长期限需向总统提出。此时总统有权不予批准，如在“总统内谷洞私宅案”[1]中，总统便驳回了延长申请，理由是特别检察官调查组已经进行了充分调查，延长可能影响韩国总统选举，因此不允许继续调查。

（三）监察院的行政反腐职能

监察院（Supervisory Authority）是韩国的中央行政机构，负责审查国家收支，审计法律授权其监督的实体机关，监察政府机构及其官员履行职责、审计复核国家决算并向总统和国会报告结果，具有独立地位。由于监察院的前身是审计院和监察委员会，故合并后实行的是“监审合一”制，统揽监察和审计两项权力。监察院开展工作的主要依据是国会通过的《监察院法》，以及为进一步规范监察审计工作而制定的《监察院事务处理规则》和《监察院职员手册》。

监察院由包括院长在内的5～11人组成，对重大问题实行合议制。其中，院长对外代表监察院，对内是监察委员会的议长。院长由总统提名，经国会同意任命。委员则由院长提名，经总统任命。院长和委员的任期均为4年，且院长只能连任一次。院长和委员会下设院长办公室和秘书长，分管不同领域的具体工作。

监察调查的步骤主要分为预备调查、制订监察计划、实施调查。首先，预备调查是指提前收集相关资料，对被调查的问题和情况有所了解，包括被调查对象过去的信息、内部监察结果等。其次，制订监察计划是指以预备调查结果为依据，对被监察对象制订详细的监察计划，包括监察重点、方法、时间、地点和人力等详细要素，而后要对监察人员进行事前教

---

[1] 2011年5月，韩国前总统的长子在首尔市瑞草区内谷洞购买地皮为其父建造养老寓所，此事被曝光后遭到韩国民众质疑。2012年10月，在青瓦台召开的相关首席秘书官会议上李光范被任命为总统内谷洞私宅案特别检察官。

育，使其对整个计划充分了解。最后，就是将计划付诸实践，进行监察调查。

针对监察结果，监察院的处理包括：（1）要求所属部门对违纪违法的公职人员采取纪律处罚，切实让对应主体承担责任；（2）向相关部门提出制定新法律、修改旧法律以及在制度、行政上改善的要求，从宏观上进一步规范；（3）通报在监察中发现的问题，予以警示；（4）如有犯罪嫌疑，及时向司法机关报告。

在监察院发布的《尽早关停月城 1 号机组决定的可行性调查》❶ 报告中，披露了产业部为迎合该届政府推出的去核电政策而违反程序规定的大量事例。这次监察院开展的监察活动，是应国会的要求而开展的，但直到超过最后期限近 8 个月，才最终完成监察活动并发布监察报告。监察报告中还披露了产业部为迎合青瓦台而向韩国水利原子能机构施压的情况，该报告指出，在 2018 年 3 月产业部召开 A 科长和韩水原工作人员出席的月城 1 号机组研究会议时，A 科长在会上对韩水原的工作人员表示，“总统秘书室对 6 月 19 日的（古里核电站 1 号机关停）1 周年活动非常关注”。此外，监察院还指出，月城 1 号机组的经济效益低是韩水原决定早日关停运转的核心依据，月城 1 号机组持续运转的经济效益“受到了不合理的高估”。韩水原总裁则表示，“因为经济效益低，因此决定早日关停机组”。

（四）国民权益委员会的反腐职能

2012 年，《关于腐败防止与国民权益委员会设立运营法》将韩国信访委员会、韩国国家清廉委员会和行政审判委员会三个不同机关的职能进行了整合，合并为国民权益委员会，把维护民众权益与反腐败职能大力结合，更有利于该机关行使权力，维护权益。

国民权益委员会属于韩国中央行政机关之一，是专门负责反腐工作、

---

❶ 《韩去核电决策依据被曝造假，关停月城 1 号机组涉嫌“违规”》，载韩国《中央日报》，http：//chinese. joins. com/news/articleView. html?idxno =99092，访问日期：2020 年 10 月 21 日。

推动反腐法律与相关制度贯彻落实的工作部门[1]，《金英兰法》便是该机构推动制定的。国民权益委员会构建了公民参与反腐败以及各部门合作反腐的制度平台，使腐败最大的受害者能够切实参与到反腐败工作中，反腐败成果也能更快反馈到公民手上。国民权益委员会负责接受相关法律、制度、政策的修改建议，以及受理公民投诉和检举，并对这些投诉和检举案件有调查和处理权，同时负责将处理结果通知检举者本人。

国民权益委员会的主要任务是制定反腐败政策，对公共机关清廉程度进行调查及评价，评价腐败影响，改进反腐败制度，建立公务员行动纲领及传递和受理腐败举报以及提供相关教育和信息等。国民权益委员会的反腐败政策由三个部分构成，即“改善腐败防止制度”“公共机关清廉度评价”和“腐败影响评价”。在腐败举报线索受理方面，由于该机构只能以第三者的身份来侦查腐败案件，所以专家们通常对该机构的反腐败效能评价较低。具体是因为对于需要侦查的案件，该机构只能要求侦查机关进行调查。而从某种意义上来说，该机构虽然没有侦查腐败案件的权力，但能够以举报奖励和对举报者身份的保障等措施来鼓励举报腐败。

国民权益委员会收到申诉举报后，应当立即对其内容进行必要的调查。权益委员会在进行调查时，如认为有必要，可以采取以下措施：要求有关行政机关做出解释或提交相关材料，要求有关行政机关的工作人员、申请人、和解关系人或证人出席并陈述意见，以及对被认定与调查事项有关的场所、设施等进行实际调查鉴定委托。在国民权益委员会通过事实确认程序后，如需调查，将移送监察院、调查机关或相关公共机关的监督机关，而后将调查结果通报给举报人。除此之外，委员会还会对申诉人、合作者等实行身份保障、人身安全、秘密保障等措施以确保对申诉举报调查的稳定性。以韩国知名演出团体案为例。2019 年，国民权益委员会接到举报人的举报，内容是韩国某夜店的高管聊天群中的聊天记录显示，两名歌

---

[1] 《专访：“中国政府的反腐工作非常有力度”——访韩国国民权益委员会委员长朴恩正》，载中国政府网，https：//www. gov. cn/xinwen/2019 - 10/29/content_5446211. htm，访问日期：2019 年 10 月 29 日。

手之间的聊天涉及勾结警方，也即警方为夜店提供庇护、谋取利益，这也是举报人没有向警方举报的原因。国民权益委员会收到材料后，对聊天记录进行了反复鉴定以确认事实真相，而后跳过了警察机关，直接委托检察机关对案件进行进一步调查，并将调查结果通报告知。在整个过程中，委员会均对举报人采取身份保密的方式，以此保证举报人的人身安全。

(五) 高层公职人员犯罪调查处的反腐职能

成立高层公职人员犯罪调查处（简称“公调处”）的呼声源于1996年。当时，韩国市民团体以调查“前总统政权的秘密资金事件”为诉求提出立法请愿，使得设立公调处的讨论拉开大幕。在2019年到2020年的这两年里，历经进步派阵营三位总统的不懈努力，《高层公职人员犯罪调查处法》及其修正案先后在国会表决通过，2021年1月21日，公调处作为独立机构正式宣告成立，取代检察机关成为对高级公职人员进行反腐败调查的主要机关，独立于现有的反腐调查机构之外。

公调处的调查对象是韩国三级以上高级公务员及其家属，包括前任及现任高级公职人员，涉及对象十分广泛。同时，公调处拥有起诉权和优先调查权，即便其他机关已经开始调查，公调处处长也可以提出要求，将案件提交至公调处进行后续的调查。此外，公调处可以直接起诉警察、检察官、法官等，这起到了平衡检察机关、警察机关的作用。并且，总统和总统府不得干预公调处办案，保持公调处查处腐败行为的公正性。

但公调处成立后却没有发挥该有的效果，引起了民众的质疑与不满。在2021年调查的24起案子中，只有一件是成功收尾的。像“1号案件”涉嫌非法特别聘用的首尔教育监事件，检察机关起诉时却反驳了公调处的调查逻辑；对韩国候任总统的基金诈骗案，也因调查不足被驳回指控。公调处次长曾声称，“我们公调处其实是业余的”，也确认了公调处没有调查能力，或能力显然无法跟上调查内容，也就没有办法作出相应的调查成果。不仅如此，公调处还被曝光私自查询政治人士与媒体人士的通话记录，一度陷入非法监视民众与侵犯人权及自由的舆论争议。[1] 因此，公调处原本的职责能否得到充分落实，仍待进一步解决。

四、韩国反腐败调查机制的特点

韩国给予和接受的文化规则，在今天都受制于现代公司和监管合规规则以及严格的反腐败法律，韩国在大力打击腐败的过程中，建立起了一套行之有效的反腐败调查制度。然而，除了1979年被暗杀的总统之外，其他总统都会在任期内或任期后因腐败和欺诈而接受调查，这意味着韩国仍处在持续的贿赂和欺诈中。总的来说，韩国腐败极具戏剧性，底层制度多年来没有根本改变，并且其在未来是否能被改变也不得而知，从目前的态势来看其改革必然会面临十分艰难的局面。

（一）试图完善全覆盖打击网

从韩国的反腐败实践以及对比各国实务来看，其反腐败调查制度相对全面，逐步建立起全方位的体系性反腐包围圈。以打击的角度来看，韩国从逐步出台、修改、完善法律法规，到建立、调整相关的反腐败调查机构体系，构建起了涉及各方面的反腐制度体系。

如上所述，从法律层面看，既有基础性的《刑法》作为打击腐败违法犯罪行为的最终保障，也有其他法律作为补充与具体规定，弥补打击网的空白，更有近些年来颁布的闻名内外的《金英兰法》。本质上看，法律必然有其滞后性与立法空白，无法将所有腐败情形详细归纳出来，但以上法律为了解决腐败问题已然尽可能加大力度打击，且针对反腐败问题的法律从未停止过修改与完善，《金英兰法》便是近些年法律反腐的成果。虽然其严格的行为范围限定与严厉的法律后果曾让国内外部分人士认为该法的

---

[1] 《公调处成立一年却涉嫌有违政治中立侵犯人权》，载韩国《中央日报》，http://chinese.joins.com/news/articleView.html?idxno=104420，访问日期：2021年12月28日。

颁布会导致经济的滞后，一开始施行时也确实导致了部分产业的停滞甚至退步，但其严格性使得公职人员自觉约束自己的行为，事后打击力度之大，使得公职人员“不敢”腐败。营造了良好的社会风气，为进一步的发展创造了社会条件。

同时，从机关层面看，反腐败机构的建设主要围绕侦查起诉机构——检察机关、监察监督机构——监察院和预防腐败机构——国民权益委员会进行。其中，检察机关是侦破反腐败案件的主力机关，检察改革后仍然牢牢掌握腐败案件的侦查权，特别检察官也是另一层对公平公正的保证。监察院主要管辖行政腐败案件，对接腐败行为人的行政责任，或者负责监督行政机关对其管理规则的完善。国民权益委员会则是面向社会大众的平台，只涉及粗略的调查以确定举报投诉的真实性，而后移交监察院或者检察机关等展开进一步调查；从犯罪层面至违法层面乃至普通的投诉举报层面，建立了全方位的调查机制，除此之外，还有逐步兴起的公调处，处于辅助地位的警察机关，都是反腐败调查制度中的调查主体，机关之间相互配合、相互衔接，最终实现反腐败的目的。

（二）引入职能强大的特别检察官制度

特别检察官是在检察体系外再单独设立专门的检察官，由专门的检察官对特定案件进行处理，实质上仍是对检察体系的不信任。韩国的特别检察官制度借鉴了美国的独立检察官制度，但由于独立检察官权力过大，导致偶有滥用权力的情况发生，加之其直接凌驾于立法、司法、行政权之上，实属为第四权，与三权分立的体制相违背，最终在美国以失败告终。

然而，特别检察官制度在韩国却有自己的独立地位。韩国虽也属于三权分立体制，但由于实行“检察引导侦查”制度，且法律明文规定司法以检察为中心，使得司法体系更为强力，检察机关更是其中的掌大权者。虽然检察机关与检察官已经不受其他机关干预，具有极高的独立性，但其仍然属于法务部下的行政机构，上级有权对下级行使必要的指挥监督权，或多或少存在行政干预司法的隐患。且当时的舆论普遍相信检察机关无法做到中立公正，更愿意支持特别检察官的存在。因此，在已有的现行检察体系外任命一个外部专业人士代行检察官职权，可以倒逼政治干涉退让，进而实现司法公正，减少政治与司法的勾结。

前总统在其闺蜜幕后干政事件曝光后，多次公开道歉，并任命了由反对党提名的两名特别检察官调查该案。这一行为实质是通过任命完全无关甚至是利益对立面的检察官来证实清白，也是为了能够公正公平地调查案件。2016 年 12 月，特别检察官调查组（简称“特检组”）正式启动调查，意图查清相关行贿腐败等案件事实。次年 2 月 28 日，特检组因国会授权的 70 天调查期限到期而终止调查，期间该调查组曾对涉案的 17 人提起公诉，虽然律师多次辩驳特检组的指控与事实不符，但调查结果最终证明了犯罪事实。

（三）注重回应公民的反腐呼声

腐败是韩国最严重的社会问题，被韩国民众称为“韩国病”，反腐败调查制度的本质必然是保护公民权利，维护公民利益。国民权益委员会便是极具人民保护性的机关，其整合了三个机构的功能以便于公民行使权利，也提高了反腐败工作的效率。其构建的平台使得公民能够真真切切地参与反腐败工作的具体环节，公民的申诉与举报能够切实得到响应，调查后的结果也会反馈到申诉举报人的手中。国民权益委员会把公民真正纳入反腐败环节中，不同于刑事案件。国民权益委员会开辟了新的途径，让更多公民可以参与进反腐败进程中。

除了国民权益委员会直接体现了保护性目的外，其他调查机关也在落实保护公民权利的目的。虽然公民参与程度不一，但每个反腐败机关都寄托了公民对侦破腐败案件的希望与追求社会公平正义的目的，且也确实朝着抑制社会不良风气、落实公平正义的目标在前进。

（四）有限反腐推动“检察改革”加速进程

韩国检察制度是以外来制度为基础，以“检察权独立”为要旨拼凑出来的制度。虽属于大陆法系，但也吸收了英美法系的因素，给予了检察机关极大的自由度与独立性。这种状况的存在，间接导致“检察权独立”转化为现实中的“检察权垄断”，使得检察官一家独大，不仅仅独占公诉权，还拥有犯罪侦查权、请求法院正确适用法律权、刑事裁判的指挥和监督权❶。

绝对的权力必然导致腐败，检察权的膨胀使得检察机关成为韩国政治生活中的一个独立的利益集团。尽管韩国近年来反腐败工作的实施卓有成效，但是政治家、法律家和高层公职人员等权力型、政治型腐败仍比其他领域的腐败行为更突出，且这一现象难以改善。在 2016 年 10 月爆发的国政农团事件，更是使得国民再次认清了检察机关的真实面目，前总统通过控制检察机关而掌握整个政府，国政农团势力与政治检察官共同掌握了检察机关。上述现象的出现足以说明，腐败向检察机关的渗透已经成为韩国司法腐败的缩影。政治干预、腐败影响、财阀干涉检察的行为被极端扩大，政治力量通过干预检察系统来控制大韩民国，同时使得检察系统的腐败成为韩国腐败的象征。政治检察纵容非法行为、犯罪行为，甚至还直接实施了非法行为，保护和鼓励了犯罪活动，留给世人一种“政治权力是有限的，但检察权力是永恒的”的错觉。

随后，韩政府为了建立国民当家作主的政府，将“为国民改革权力机关”作为国政课题。权力机构改革课题包括：为人民设立检察奖，改革人权友好警察，确保审计院的独立性和透明度，促进国家情报院改革等。该课题的宗旨是通过“清算积弊”的体制改革，建立起面向未来的权力机关，围绕着公调处的成立话题，实现检察机关在反腐败调查上的“分权”。

---

❶ 许然：《韩国检察官将走下神坛?》，载《廉政瞭望》2020 年第 24 期。

例如，在2019年秋，以检察改革为导火索，韩国数百万人上街抗议新任法务部长官“以权谋私”，迫使该部长在上任35天后便辞职。并且，保守派媒体《中央日报》评论员承认，韩国检方权力确实过大，通过改革削弱检方权力势在必行，但“政治权力左右检察系统”这一痼疾未必能得到解决❶。尤其是近年来，保守阵营在公调处经受住合宪性审查之后，将矛头从反对公调处本身转向了反对立法中所谓的“毒素条款”❷。

由此可见，公调处即便能够继续存在，其前途仍然有很大的不确定性，尤其是共同民主党和进步阵营在补选中失利，遭遇“断崖式”打击的当下，公调处的不确定性大大提升。公调处广泛的职权更是让人产生“未来的公调处是否也会违背其建立初衷——即如检察机关一般，以反腐败调查权为筹码，成为具有其独立利益的‘超级机关’的担忧”。历史的答复尚无人可知，但现实却彰显着一个不言而喻的道理：反腐败调查并不仅仅是法律的较量，政治性才是其根本属性。

韩国虽然在战后迅速发展经济，创造经济高速增长期，飞跃跻身进亚洲的资本主义发达国家之一，但其精神文化仍然受传统的儒家文化影响。儒家文化所体现的国家意识、积极入世的人生态度等虽然带动了经济的增长，却制约了政治的发展，任人唯亲的风气更是为腐败行为提供了温床，诸多韩国领导及其利害关系者的腐化丑闻便展示了这一点。

同样是发达国家的日本，已经建立起完善的腐败防范机制与健全的监督机制，韩国的反腐败机制与之相比就有些相形见绌。韩国是行政主导型的反腐败体制，法务部下的检察机关作为腐败调查机制的主力军，直接垄断了腐败案件的侦查权及大部分起诉权，特别检察官则是原有检察机关体系外的另一层制度保障，具有独立性与权威性。监察院、国民权益委员会、公调处也为打击腐败行为发挥了作用。但行政主导型的反腐败机构总

---

❶ 胡若愚：《韩国“检乱”愁煞文在寅》，载新华社客户端，https：//baijiahao.baidu.com/s?id=1685149100945883237&wfr=spider&for=pc，访问日期：2020年12月4日。

❷ 《单方面处理放弃政治中立的公调处法，是反民主的暴举》，载《东亚日报》，https：//www.donga.com/cn/Search/article/all/20201209/2266227/1/，访问日期：2020年12月9日。

会受其设立者的影响，无法真正做到独立有效的监督，这也是韩国检察机关备受争议之处。随着“检察改革”的不断推进，公调处逐渐成为新兴反腐败能手，但检察机关的权力又将如何平衡分解，公调处能否担当重任、是否又会成为新一轮的“检察机关”，这些都是未来的挑战。

第二章　瑞典的反腐败调查机制

瑞典是一个位于北欧斯堪的纳维亚半岛的国家，也是北欧面积最大的国家，其在两次世界大战中均为中立国家，故几乎未受战争的影响，尤其是在第二次世界大战后，瑞典的工业蓬勃发展，带动经济迅速增长。如今的瑞典经济高度发达，人民生活水平高，民生福利保障有力，形成了独具特色的发展模式。

瑞典是众所周知的廉政大国，俨然有序的官场秩序、清廉的社会氛围与鲜见的高官丑闻足以证明这一点。相反，引起我们对瑞典“腐败”注意的是瑞典对待他国贪污大犯的态度，对待国内腐败的严格做法没能有效延续到打击国外腐败或跨国腐败。譬如，2018 年，我国“百名红通人员”第 3 号贪官按照程序准备引渡回国，最后却因瑞典最高法院听信极少数反华分子的谣言而引渡失败，目前仍逃离在外，无法接受法律的制裁[1]。这也让我们对瑞典所谓的“腐败零容忍”产生了一定的怀疑，在消极应对国外腐败的同时，瑞典究竟是如何制止国内腐败发生的？为此，本章将对瑞典的腐败及其反腐措施作简要介绍。

一、瑞典的主要腐败问题

瑞典被认为是世界上最廉洁的国家之一，其法律和制度框架在打击腐败方面是有效的，政府机构也以高度透明和清廉而著称。据统计，瑞典

---

[1] 《红通人员贪 2 亿逃到瑞典被释放　驻瑞大使阐明立场》，载外交部网，https：//news.china.com/domestic/945/20190704/36542127.html，访问日期：2019 年 7 月 4 日。

2016—2021年的清廉指数排名均位列世界前6，且指数都保持在80以上，足以证明瑞典长期保持了较高的清廉水平（见表2－1）。

表2－1　瑞典2016—2021六年间在“国家清廉指数”的排名

年份	清廉指数	国际排名
2016	88	4
2017	84	6
2018	85	3
2019	85	4
2020	85	4
2021	85	4

长期以来，瑞典民众接受着诚信、公平、正义观念的熏陶，逐渐认为腐败是无法接受的事情，故受历史与文化的影响，瑞典的清廉正气理念深入人心。从入学开始，学校配设的法律道德课就会培养每个学生正确的价值观，包括诚实守信意识与社会正义感，使得每个公民从小开始就有深刻的反腐败观念[1]。而外在因素上，瑞典也为不诚信行为规定了严重的污点记录机制，如危害性较小的逃票行为都会影响公民生活三至五年，腐败行为等社会危害性如此大的行为更会影响一生。且腐败行为相对应的处罚非常严格，不会给予下次再犯的机会。此外，瑞典征收的个人所得税相当高，随着收入的增加更是翻倍增长，在这种背景下，公民也不愿意把自己缴纳的税款用来养“公用财务的嗜血虫”，也就更加憎恶腐败行为的发生[2]。

尽管国内外对于瑞典的清廉程度给予了高度肯定，但其特殊国情仍不可避免地为腐败的产生留下空隙。“看不见腐败的国度”仍然只是一种理想状态，跨国企业、社会保障等领域的腐败仍然高发。瑞典对于反腐败国际协作的消极态度，更是给反腐败工作造成了严重的不利影响。

---

[1] 王鹏、赛明明：《瑞典怎样有效防治腐败》，《领导参考·外国政党》2018年第19期。

[2] 孙晓莉：《国外廉政文化概略》，中国方正出版社，2011年，第16—17页。

瑞典是一个以出口为导向的混合经济体，其外向型经济严重依赖工业产出和出口。从相关数据来看，2020 年对外货物贸易额 2.802 万亿瑞典克朗，进口额约 1.374 万亿瑞典克朗，出口额约 1.428 万亿瑞典克朗❶，出口占贸易总额的 50% 以上，外贸依存度极高。由此可见，外贸在瑞典的经济生活中占据了较大比重，使其在大环境中受到极大的重视，而这种对外贸的关注度变相地鼓励了瑞典跨国企业冒着国内"对腐败零容忍"的高压风险去主动行贿，从而开拓市场以换取巨额利益，换句话说，极高的外贸依存度催生出跨国企业腐败。例如，在潘多尔泄密事件中，这种行贿开拓市场的方式就已经使瑞典公司特利亚电信陷入了腐败丑闻。除了特利亚电信，爱立信也被卷入一起贿赂丑闻，几名员工被指控在越南、吉布提和印度尼西亚实施了腐败行为。有 13 家瑞典公司因从事腐败业务而被世界银行列入黑名单。

此外，发达的社会保障体系也为公共领域腐败的繁衍提供了温床。自瑞典开始建设大型福利国家以来，公共支出占 GDP 的比重长期保持在 30% 以上，20 世纪 80 年代还曾飙升至 60% 大关。在实行免费医疗保障、住房保障、教育保障等大规模高福利政策的情况下，瑞典对社会保障投入过大，一定程度上使其成为腐败的高发、易发领域。长期以来，社会保障领域频繁发生影响极其恶劣的腐败案件，这些腐败案件的出现成为瑞典为数不多的"反腐污点"。尽管瑞典宣称自己是全球腐败和透明度指数最高的国家，甚至也有不少人认为政府不存在贪腐风险，但涉案金额达数十亿美元的腐败案件确实是令人无法忽视❷。

❶ 《瑞典国家概况》，载外交部网站，https：//www.mfa.gov.cn/web/gjhdq_676201/gj_676203/oz_678770/1206_679594/1206x0_679596/，访问日期：2022 年 10 月 2 日。

❷ 《驻瑞典经商参处：瑞典防范腐败方面表现糟糕》，载商务部网站，http：//www.mofcom.gov.cn/article/i/jyjl/m/201908/20190802887366.shtml，访问日期：2019 年 8 月 2 日。

二、瑞典的反腐败法律依据

瑞典具备完整健全的反腐法律体系，对腐败行为作出了明确的规定。首先，《刑法典》（Criminal Code）将大多数形式的公共和私人腐败定为刑事犯罪，且按照贪污、违反信任和贿赂等腐败犯罪的活动规律，将腐败行为分为五种：被动贿赂、主动贿赂、粗贿、影响力交易和疏忽融资。其次，议会先后制定并修订了《政府法典》《新闻自由法》《议会法》《公共采购法》等规定各个领域的公职人员具体的“应为”和“可为”模式，由此可反推出禁止公职人员的腐败行为。接着，《行政程序法》、《反贿赂法》（Bribery Act）、《公职法》、《竞争法》、《营销法》、《审计法》、《举报人法》（Whistleblower Act）等从宏观层面直接对腐败行为作出规定，并详细制定了相应的法律后果。

同时，作为欧洲联盟的成员，瑞典还需要遵守欧盟关于工业、知识产权和商业产权的多边公约，以及与反腐败相关的公约，如《反贿赂公约》《联合国反腐败公约》《反腐败刑法公约》《反腐败民法公约》，并通过精简其立法，达到符合反腐败的实际效果。总的来说，瑞典能够在总体上有效地实施反腐败法律。然而，经合组织及其贿赂问题工作组却一直在批评瑞典缺乏针对外国贿赂行为的执法。

本节将对瑞典应对腐败问题所制定的几部重要法律作概括性介绍。

（一）《刑法典》

《刑法典》是瑞典规定犯罪、刑事责任与刑罚的法律。它明确地将贿赂犯罪分为受贿和行贿，并将公职人员的界定范围进一步扩大，把一切与公共事务相关的人员乃至社会中介机构人员都纳入打击范围内[1]。其具体

---

[1] 李秋芳、孙壮志：《反腐败体制机制国际比较研究》，中国社会科学出版社，2015 年，第 212 - 213 页。

规定有：第一，员工或承包商不得接受或要求不当的承诺执行雇佣或分配的利益（被动贿赂）；第二，不得向执行雇佣或任务的承包商员工提供或承诺提供不当利益（行贿）；第三，不得接受、承诺或索取不正当利益以影响行使公共权力或决定公共采购的人，或提供、承诺不正当利益以影响行使公共权力或决定公共采购时的决策者（影响力交易）；第四，商人在向其代表提供现金或其他资产时必须谨慎行事。代理商、合作伙伴和其他代表，必须确保资金不用于贿赂（贿赂融资的疏忽）。该立法禁止任何受雇或履行职能的人行贿或收受贿赂，这意味着私人贿赂和公共贿赂行为性质之间没有区别，因此两者都被禁止。不仅如此，外国公职人员以及企业雇主和雇员在瑞典行贿或受贿，也同样适用瑞典刑法。

（二）《反贿赂法》

《反贿赂法》是瑞典专门针对行贿、受贿而制定的法律。该部法律对国家公职人员、国有企业和私人企业中的经理、经纪人等普通职员的行为都作出了严格规定；其中，在礼品赠送方面，公职人员不得接受超过200克朗的礼品，企业雇主和雇员不得接受超过400克朗的礼品，否则均视为行贿受贿。任何人行贿、受贿、索贿或者接受不当报酬的行为，均认定为受贿，应当处以两年以内的监禁，情节严重者，处以六年以内的监禁[1]。为此，瑞典官员中流传着这样一句话："公务员可以接受别人送的一杯热啤酒和一个冷三明治，如果喝上葡萄酒那就危险了。"[2] 由此可见法律规定之严格。

---

[1] 赵婷：《瑞典社会民主党廉政建设与腐败治理机制研究》，《当代世界与社会主义》2019年第4期。

[2] 徐伯黎：《国外公务员管理面面观——瑞典：官员时刻处于监督之下》，载中国组织人事报新闻网，http：//www.zuzhirenshi.com/dianzibao/2017-01-11/7/013b9929-24be-45ee-a441-ea192253aa85.htm，访问日期：2017年1月5日。

（三）《举报人保护法》

2016年，瑞典通过并实施了一部《举报人保护法》，主要内容如其名称般为保护举报人。该法允许瑞典的雇员举报任何可能被判处监禁的可疑违法行为，或类似的违规行为，即举报人可以举报他们“具体怀疑”的腐败、经济犯罪、侵犯基本权利和自由、任何生命安全或健康风险以及滥用公共资金等违法行为，并根据该法受到保护，免遭报复。然而，该法也存有严重的缺陷：第一，员工在向监管机构举报之前需要先在内部报告，这使举报人面临暴露和被报复的风险；第二，该法没有提供任何匿名或保密的保证；第三，该法规定，“因报告违规行为而做出犯罪行为的工人不受本法保护”，这阻止了不清楚其报告后果的举报人冒险报告；第四，根据这部法律，没有规定举报人应向哪个部门举报，也没有指定的部门负责处理举报人的报复案件；第五，瑞典其他法律和执法部门并没有对成功的举报人有任何奖励规定[1]。瑞典仍然需要在保护举报人方面花更多的功夫。

尽管这项法律仍然存在缺陷，但对于腐败违法犯罪行为的发现仍然提供了更多的途径，且由于腐败主体大多是公职人员甚至是位居重要职位的官员，举报人面临被人身报复或遭受其他方面打击的风险，因此，该法提供了比原先更有力的保障。

三、瑞典的反腐败制度体系

瑞典的一系列反腐措施被称为“冰雪反腐”。瑞典之所以能够保持清廉高效，并不只是靠反腐败调查制度，更没有高薪养廉，而是凭借一套以综合治理为主体、预防教育为特征的反腐败制度体系。

[1] Sweden Whistleblower Law，载kkc网，https://kkc.com/sweden-whistleblower-law/#:~:text=In%202016%2C%20Sweden%20implemented，访问日期：2023年1月2日。

（一）成熟的议会监察专员制度

瑞典是议会监察专员（Parliamentary Ombudsman，又名“监察官”）制度的策源地，议会监察专员对议会负责，监督各级政府机构和官员，在多年的运转中形成了成熟的体制机制，较好地保障了瑞典廉洁高效的政治氛围。瑞典的议会监察专员制度也曾被欧洲一些国家广泛移植，并推广到世界100多个国家。比如，在受瑞典廉洁高效的反腐氛围影响下，英国等欧洲国家先后设立了议会监察专员，但其实际适用效果不佳，以俄罗斯尤甚。与此同时，瑞典自身也并未能够绝对消除腐败，其医疗卫生领域和跨国企业仍不时深陷腐败丑闻。但从总体而言，瑞典创制议会监察专员制度的反腐贡献是不可否认的，其反腐败调查制度运行权威、有序、高效，对于世界上其他国家而言仍具有较高的参考价值和研究意义[1]。后文将对议会监察专员制度进行具体介绍。

（二）完备的政务信息公开制度

政务信息公开制度由瑞典首创，1776年制定的《出版自由法》首次规定了出版阅览公文书的权利，这是第一次以法律形式确立了行政文件等政务信息公开的制度，也是瑞典对世界反腐工作的重要贡献。政务信息的公开与透明，使得国家工作全方位展现在媒体和公众面前，减少信息不对称以及信息阴影，以便最大程度地接受除国家机构外社会各领域的监督，使公职人员暴露在众目睽睽之下而丧失贪污、受贿、渎职等机会，大力促进了腐败的预防与惩治。瑞典政府坚信透明公开是遏制腐败的最好方式，故一直奉行透明与公开的行政原则。

从对象上看，除国家秘密外瑞典实行其他所有国家工作都公开的制

---

[1] 四川省社会科学院课题组、四川省廉政建设研究中心：《国外境外预防腐败体制机制研究》，四川人民出版社，2018年，第161页。

度，大到议会的文件，小到普通机关的细微决策，都必须进行公开与说明，并听取公众的意见。且政府研究行政工作，法院进行开庭审判，公众均有权旁听以便监督。同时，为了防止国家机关借用国家秘密的由头不公开政务，瑞典专门出台一部《保密法》，详细罗列了国家秘密的范畴[1]，斩断滥用自由裁量权的隐瞒、逃避行为。

从途径上看，瑞典 1997 年便开始建立电子政务系统，且随着时间发展愈加成熟。政府的官方网站是“瑞典观察（Sweden. se）”，所有需公开的政务材料、文件和具体情况说明、政府及各部门的工作情况都会在网站上公布，尤其是涉及公众利益的重要问题、财政预算和决算的相关方案和情况等都会重点公示。这使得公众具有充足的参与权、知情权与监督权，随时随地都可以查询想要了解的资料。一旦公众发现任何异常，都可以及时通过相关部门进行举报[2]。

（三）完善的多元主体监督机制

瑞典为了实现全面监督以及全民监督，建立了权责分工明确、多元主体并行的监督体制，“腐败行为”面临着多层审核。这使得事前预防逐渐成为腐败治理的主要方式之一，腐败行为能够被及时发现并采取措施有效制止，或者说腐败行为压根没有机会能够发生。

从体制内监督来看，议会监督、司法监督、审计监督为重要的监督机制。议会监督是指议会主导对政府廉政情况的考核，一旦出现腐败问题，议会有权要求作出解释，否则可能会面临不信任案，甚至可以要求重组内阁。政府内部也设立了相应的监察部门，以对接议会的机构。而司法监督是指瑞典的司法权独立，使得司法审判不受行政权与立法权的干预，从而实现司法的监督功能。此外，司法部还设立了国家预防犯罪委员会，通过对瑞典腐败案例的研究并发布研究报告，起到宣传预防腐败知识的作用。

---

[1] 王鹏、赛明明：《瑞典怎样有效防治腐败》，《领导参考·外国政党》2018 年第 19 期。

[2] 欧庭宇：《瑞典防治腐败经验与启示》，《中共桂林市委党校学报》2020 年第 4 期。

审计监督则是指瑞典专门设立了一个名为国家审计署的机构，赋予审计权使得其可以代表议会审计政府的活动。同时，该机构有权直接获得企业的相关信息，直接对其活动进行监督。

从体制外监督来看，党际监督、舆论监督为主要部分。由于瑞典实行的是多党制，主要为中左阵营和中右阵营轮流执政，当一方执政时，另一方显然形成了最大的党际监督主体，这恰好有利于政党工作的清廉开展。舆论监督也是重要的监督力量，是民众参与度最高的监督途径。瑞典很早就颁布了《新闻自由法》《言论自由法案》等，赋予相应社交平台充分的监督权[1]。除此之外，民众还可以通过工会等社团组织代表行使监督权，将腐败行为向议会监察专员投诉，或者告诉媒体广而告之。但为了防止恶意举报，瑞典也明确规定给予恶意举报者“最低信用级别”，此级别无法在银行贷款，也无法找到高薪工作[2]。

（四）严格的官员管理制度

瑞典官员没有特殊待遇，首相和内阁大臣与普通民众一样出入街头，经常没有保镖随从，更没有高官出行进行交通管制的做法。且公车管理制度也极其严格，仅首相、议长、外交部长、国防部长等少数高级官员才配备专车，一般官员都不会配备专车。为此甚至还设计了一套公车管理监控系统，设立全国垂直管理的公车监控机构，将车辆记录数据在网上公开。瑞典也建立了财产申报制度，所有官员包括高官甚至王室成员每年都必须向社会公布个人信息尤其经济情况，任何公民都有权查阅。瑞典官员在任职时，也都必须详细填写房产、存款、股票等有价证券及纳税情况，任职后购置房产时还必须填写并公布房产地址、面积、价格和卖家信息等。前任副首相因使用公务信用卡购买其个人食用的价值仅几十克朗的巧克力被

---

[1] 赵婷：《瑞典社会民主党廉政建设与腐败治理机制研究》，《当代世界与社会主义》2019年第4期。

[2] 王鹏、赛明明：《瑞典怎样有效防治腐败》，《领导参考·外国政党》2018年第19期。

迫辞职[1]，至今仍然起到警示作用。

四、瑞典的反腐败调查机制及特点

瑞典没有专门的反腐败机构，而是有针对性地在调查腐败案件时促成一些职能机构间的合作，共同致力于反腐败斗争。瑞典政府在每个职能机构都设有监察部门，对本部门人员进行监督，议会中议会监察专员和各委员会也可以在职权范围内对腐败行为进行监督和调查。近年来，警察机构、监察机构也都相继成立了专门的部门或者小组进行反腐败调查。

（一）议会监察专员的广泛监察权

1809 年，为了反抗古斯塔夫三世国王的专制统治，瑞典首创了议会监察专员制度，允许议会对行政权力的行使进行一些控制。在经过两个多世纪的发展后，各种法律法规相继出台，不断完善议会监察专员制度，对议会监察专员制度的运作作出了明确的规定[2]。

《政府文书》是瑞典的宪法法律之一，该部法律规定议会应任命一名或多名议会监察员，并就议会监察员的权力运行进行了原则化规定。《议会监察员法》包括有关议会监察员的权力、人数、选任条件、任期等更多细节。《议会监察专员指令法》包括对权力和义务的进一步说明，澄清任务以及如何组织和报告行动。《议会监察员行政指示》载有关于组织中各种公务员的权利和责任、如何按职责范围、文件等划分工作的条例。这些指令都能够由首席议会监察员制定，其中还包括适用于议会监察员的保密规定《公众获取信息和保密法》。

---

[1] 徐伯黎：《国外公务员管理面面观——瑞典：官员时刻处于监督之下》，载中国组织人事报新闻网，http：//www. zuzhirenshi. com/dianzibao/2017 - 01 - 11/7/013b9929 - 24be - 45ee - a441 - ea192253aa85. htm，访问日期：2017 年 1 月 5 日。

[2] 化红艳：《瑞典议会监察专员制度研究》，硕士学位论文，华中师范大学，2017 年。

议会监察专员公署由 4 名监察专员组成，其中 1 名是首席监察专员，与其他监察专员分别处理不同领域的事务。首席监察专员处于总指挥的地位，负责协调监察专员间的工作与分配案件，其主管政治、税收、人事、预选举等对外公开的案件。其他监察专员并不是处于被领导的地位，第二监察专员主管司法与监狱案件，对接司法领域的监管；第三监察专员主管武装部队和部分地方政府案件，对接军事和部分行政领域的监管；第四监察专员主管企业和事业案件，对接民事领域的监管。此外，还设有副议会监察专员辅助监察工作的进行。监察专员每四年都会通过秘密投票的方式重新更换，原监察专员可以连选连任。此外，公署也配置了秘书处，由一个行政主管、多个分部门主管和行政人员组成，负责处理公署的日常活动和细微事务。

监察专员由议会选举产生，首先从议会上下两院各挑选 24 名选举人，再从这 48 名选举人中选举产生议会监察专员。被挑选的选举人通常是无党派人士，并具备擅长法律、品格正直、才华横溢、社会威望高等条件。议会可以根据监察专员履行职务的情况，提前解除失去信任的监察专员。同时，议会也是唯一有权决定监察专员任免的机构，其他机构或个人均无权参与或干涉。且监察专员的违法行为，只能由立法委员会提起诉讼，一般司法机关对此无权起诉❶。

议会监察专员的主要任务是确保职责范围内的管理对象遵守法律，具体任务是确保公共当局和法院遵守《政府文书》中关于公正性和客观性的规定，并确保公共部门不侵犯公民的基本自由和权利。监察专员的监督确保公共当局依法处理其案件，并根据现行立法执行其任务。监察专员的调查既可能是由公众提出的投诉，也可能是由监察专员自己发起的。总的来说，监察专员负责定期对该国各公共当局和法院进行检查。如果公共当局或公职人员采取的措施与现行法律或其他法规相抵触，或在其他方面不正

❶ 刘泽军、王静：《廉政制度设计中的权威性与独立性保障——瑞典议会监察专员制度样本的观察》，《北方工业大学学报》2018 年第 3 期。

确或不适当，监察专员有权发表声明或提出旨在促进统一和适当适用法律的咨询意见。监察专员可作为非普通检察官，对无视其职务义务或任务的规定、违反《新闻自由法》和言论自由权以外的刑事犯罪的官员提起法律诉讼。

从监察对象来看，监察专员的工作辐射范围非常广泛。以横向为轴，监察专员可以监察行政机关、司法机关、军队机关，乃至行使公共权力的个人。但依据《议会监察专员指令法》，由于监察专员对议会负责，故以下几类人员或机构不受其监督：议会议员、议会管理委员会、议会选举复议委员会、议会申诉委员会及议院秘书。以纵向为轴，监察专员的监察范围不受级别限制，上至国家中央，下至地方市政区，统统都会被监察。且无论是轻微瑕疵的行为，还是严重损害利益的行为，都会受到监察专员的监察。

从具体权力来看，监察专员拥有广泛的权力。首先，监察专员具有调查权。由于法律对监察专员的调查方式没有明确的规定，故他们可以查阅所有涉案材料，以及解决问题所需要的各种资料，同时可以寻求专业人士和案外人的帮助。并且，其他公权力机关必须积极配合监察专员的调查，提供必要的帮助。其次，监察专员具有最终裁决权和批评建议权。这里的最终裁决权并不是对案件作出最终的司法决定，而是对公职人员或机构是否具有腐败行为，或者是否违法违规作出最后的定性，与行政处罚、刑事裁判是并行不悖的。在此基础上，监察专员可以落实具体的批评与建议，促使纠正错误行为。最后，监察专员具有提起公诉的权力。监察专员有权代表国家对严重违法犯罪行为提起公诉，但此权一般不轻易行使，而是作为最后屏障起保障作用[1]。

---

[1] 刘泽军、王静：《廉政制度设计中的权威性与独立性保障——瑞典议会监察专员制度样本的观察》，《北方工业大学学报》2018 年第 30 卷第 3 期。

（二）议会宪法委员会的监督调查权

在瑞典议会里，各专门委员会是最重要的工作舞台，议会所有事务在交付全院大会决定前都必须由委员会进行准备。议会设有15个专门委员会和1个欧盟事务委员会，每个委员会都有专门负责的领域，负责讨论其领域内的议题❶。

议会宪法委员会（Parliamentary Constitutional Committee）是议会专门委员会中最重要的一个委员会，它的任务主要是准备法案，包括宪法的修订，从宪法和法律角度来审查政府的各种文件和决定，监督政府及其成员、议会议员、议会监察专员履行职责的情况以及是否遵守宪法、法律及各项规则规章的情况❷。议会的各专门委员会都具有监督政府之责，不过绝大多数都如它们的名称那样，是与内阁各部相对应设立的，它们只负责对政府的对口监督。而宪法委员会则是对内阁进行全面、综合监督，特别是对内阁部长个人进行监督。然而，事后追踪调查政府或某部部长作出的行政决定是否正确，不在宪法委员会的职责范围之内。

宪法委员会可以主动对一些事项进行调查，不过，绝大多数的调查是应议员个人或集体的要求而进行的。议会的每个议员都有权提请宪法委员会调查某位内阁部长的某项工作和行为，宪法委员会不接受议会之外人士的调查请求。宪法委员会可以调阅与调查事项有关的所有政府文件，包括机密文件，并可以要求政府报告工作情况。宪法委员会如认为有必要，也可请部长和政府官员口头汇报情况，并回答委员会的一些询问，部长和官员对此必须给予答复。宪法委员会每年分春、秋两次受理议员对内阁成员的测评、指控，并对被指控的内阁成员的工作、行为做出评估或认定，而后将批评性提案提交议会审议。议会在收到宪法委员会的提案后，经过研

---

❶ 《瑞典议会》，载全国人大网，http：//www.npc.gov.cn/npc/c12434/c12494/c12499/c16205/201905/t20190522_53044.html，访问日期：2011年5月20日。

❷ 曾萍：《瑞典议会的宪法委员会》，《新疆人大（汉文）》2005年第3期。

究后才能确定是否有必要通过对内阁成员的不信任案，即罢免其职务。宪法委员会每年大约对30位正副部长提出程度不同的批评性意见，议会对这些指控不一定马上表态，但被指控的内阁成员通常都会十分重视，尽快纠正自己的问题。如果内阁现任或前任成员被认定在任职期间其行为触犯了刑律，宪法委员会有权提出弹劾案，并通过检察官向最高法院起诉[1]。

（三）其他具有反腐调查职能的机构

国家反腐败局（National Anti - Corruption Bureau）：由于瑞典的腐败行为与腐败案件较少，直到2003年，瑞典才成立了国家反腐败局，且仅由5名检察官和5名审计师组成。该机构主要负责政府腐败和各种贿赂案件。并且，由于国家反腐败局拥有和检察官同样的权力和职能，所以它也能够处理国外行贿案例。但由于该局没有属于自己的警察或调查员，所以它主要和当地区域警察以及其他调查人员一起合作。为获取可靠的资源，经济犯罪署也会向国家反腐败局派遣财政调查员或会计师。

国家反腐败股（National Anti - Corruption Unit）：国家反腐败股是瑞典检察官办公室的一个单位，通过核查所有疑似收受贿赂和行贿的行为来打击腐败，并且负责处理与这些罪行有关的其他犯罪嫌疑人。在调查这些罪行时，国家反腐败股通常会与瑞典警方国家行动部内的一个名为国家反腐败小组的部门合作开展调查活动。

国家反腐败小组（National Anti - Corruption Group）：瑞典为了履行在反腐败犯罪领域的国际承诺，尝试采取全面打击腐败的方法。2012年瑞典警方成立了国家反腐败小组，主要从事贿赂调查工作。除调查工作外，反腐败小组还负责开展外联和预防犯罪工作。该小组由专门从事腐败犯罪调查的警官和文职人员组成，调查腐败犯罪的工作主要基于情报来开展。该小组还与警方的其他部门密切合作，如情报部门、金融警察、国家网络犯

[1] 李秀峰：《廉政体系的国际比较》，社会科学文献出版社，2007年，第142－143页。

罪中心等。国家反腐败小组每年调查约100～200起贿赂和腐败犯罪案件。这些案件主要发生在政治领域，动机通常是为了赢得采购或影响决策者，以便朝着预期的方向做出某些决定，或是通过贿赂来中饱私囊。

经济犯罪署（Economic Crime Agency）：经济犯罪署成立于1998年，是欧盟反欺诈部下设在瑞典的部门，专门负责经济犯罪的调查和起诉，是打击经济犯罪的中心。该署有3个运作部门，包括400名工作人员，由检察官、警官、经济调查员和行政管理人员组成，共同负责该署的行动任务。该署每年都会处理超过4000件案件，其中一些案件来自瑞典检控机关，因为瑞典检控机关在某些经济领域没有得到专业侦查资质授权[1]。经济犯罪署办理的案件主要包括税务、破产、金融和经济诈骗，旨在维护经济、金融体系和秩序，保护公民和法人财产不受侵犯。

（四）瑞典反腐败调查机制的特点

瑞典反腐败调查体制是以议会监察专员制度为主，强调立法的重要性。虽然我国的监察机关与瑞典的监察专员在名称上有所类似，但我国的监察机关是独立的监察机关，与立法机关、行政机关、司法机关都不重合，而瑞典的监察专员是议会的下属部门，对议会负责，属于立法机关的监督。监察专员虽被称为“第四权力机构”，但它终究不是独立于三权之外的第四权。

虽然监督专员实质上归属立法机构，但事实上，监察专员确实具备独立性。监察专员由议会设立，但仅宪法委员会有资格起诉其不当行为，其他机构均无权进行处理。也即议会对其干涉的权力十分有限，只能对其发布原则性指令，不得影响案件分配、调查进程及调查方式，更不得干涉案件处理结果。

此外，监察专员与大法官也是对立的。监察专员对司法机关的监督能

[1] 韩阳：《北欧廉政制度与文化研究》，中国法制出版社，2015年，第190页。

够采取以下措施：直接向法院要求提供相关文件材料、要求对某个案件提供书面解释以及后期汇报、有职责对有问题的法官开启刑事调查、实地考察实务工作的进行、检查正在进行的诉讼案件。但事实上，监察专员对司法机关的调查以及对法官的起诉都少之又少。

包括瑞典在内的北欧五国（瑞典、挪威、丹麦、芬兰、冰岛及其附属领土）都是高度发达的国家，优质的经济基础催生出高质的上层建筑。在西方法律思想的影响下，这些国家形成了民主自由的氛围，奉行诚信正义的价值观，其清廉指数与国际排名都高居前列。

瑞典作为议会制君主立宪制国家，其反腐败体制自然也是议会主导。瑞典首创的议会监察专员由议会产生，对议会负责，但不受议会干涉，具有独立的履行监督职责和较高的权威。其他机构如宪法委员会、国家反腐败局、经济犯罪署也起到了重要的辅助作用，共同构成了瑞典的反腐败调查机制。此外，瑞典配套的法律制度、信息公开制度、官员管理制度、多元监督制度等也大力遏制了腐败势力的繁衍，共同构建起瑞典廉政制度。

在长期的反腐败治理中，瑞典国内形成了较强的反腐败意识，对腐败零容忍成为瑞典人的共识之一，不少公职人员甚至还以“赤裸生活 240 年”自嘲（意即公职人员均处于严密的监督之下，不存在腐败的可能）。但与此同时，瑞典在面对国际反腐败协作时的消极态度却为瑞典的反腐成绩单加上了并不靓丽的一笔。瑞典纵容腐败案件主犯逍遥法外的行为，尽管有时带有浓重的政治色彩和偏见，但也在某种意义上证明了其反腐败调查制度的漏洞和司法制度的虚伪性。

第三章　美国的反腐败调查机制

美国是目前世界范围内一个超级大国，拥有发达且稳定的经济财力，工业、信息、电子技术等产业领先于世界各国，国际地位高，具有极高国际影响力。然而，在这样一个高度发达的国家里，各个领域的腐败现象也不在少数。从1920年总统滥任官职、权钱交易的丑闻，到1972年的“水门事件”，再到“通俄门事件”，美国总统的腐败丑闻从未停过，其他高官、其他领域的腐败案件也持续发生。

2022年，美国至今最大的政治献金案被曝光。美国电子制造业巨头自中期选举的两年前，通过大量不明交易、变卖资产敛财后，又以复杂的方式将资金捐赠给共和党人主持的一个保守派组织团体“联邦党人学会”，捐赠额高达16亿美元，这笔资金不仅成功躲避税款4亿美元，还准备用于在未来的选举斗争与政治竞争中取得优势。虽然参选政客并未直接收受这些贿赂金额，但这些资本已然从经济领域漫入政治领域，对美国的政治体制进行腐蚀❶。也正是一系列腐败案件的发生，使得美国不断加快整治腐败行为的进程，在这一过程中也逐步建立起全面的反腐败体系，促进了反腐败事业的发展。然而腐败案件层出不穷，全面的反腐体系不足以应对同样加速和恶化的腐败问题，美国反腐工作仍然存在许多疏忽之处需要完善。

---

❶ 《16亿美元！美最大政治献金案曝光》，载《法治日报》，https：//news. cctv. com/2022/09/26/ARTIiGpeU5suSSlsjWa7jAfN220926. shtml，访问日期：2022年9月26日。

一、美国反腐历程及贪腐概况

2021年，美国获得了八年来的清廉指数最低分67分，与2020年同分，但排名后退2名（见表3-1）。美国政治机构的“腐朽”是导致美国评级下降的主要原因，公众对美国大选的信心也因为虚假信息与选举中创纪录和无法追踪的资金数量而受到削弱，所谓无法追踪的资金数量是指除公开登记的选举捐款外，还有大量秘密资金和“黑钱”，这些资金充斥在2020年的美国大选中。《华尔街日报》网站2020年11月9日评论宣称，在2020年的选举中，人们对美国民主制度的信心下降至20年来最低点。

表3-1 美国2016—2021六年间在“国家清廉指数”的排名

年份	清廉指数	国际排名
2016	74	18
2017	75	16
2018	71	22
2019	69	23
2020	67	25
2021	67	27

美国建国历史虽然并不长，但作为最早建立民主共和制的现代国家，其反腐历程的时间跨度却是现代国家中最大的。从19世纪中后期开始，随着工业化进程的推进，美国城市化水平提高，政府规模扩大，腐败问题开始恶化。在这种局面之下，美国政府没有固步自封，而是在宪法框架下，吸引社会团体参与，推出了一系列强化治理和改革创新的措施，使其腐败严重制度逐步降低并长期维持在较低水平。这些措施包括19世纪中期为了遏制西部土地投机买卖而推出的土地改革运动，19世纪后期遏制政党分肥制而推动的文官制度改革，20世纪初消除政府腐败、改善政府管理的进步主义运动。这些遏制腐败的措施不是一蹴而就的，其产生必然经历了迂回反复的过程。

1972 年，“水门事件”的发生引起了新一轮的反腐败高潮。因此，为了提高公职人员道德水准、规范从政行为，政府道德革新运动应运而生，具体表现为：反腐败相关法律逐步完善，如 1970 年的《有组织的勒索、贿赂和贪污法》、1977 年的《对外贿赂行为法》、1978 年的《文官制度改革法》《检察长法》《政府道德法》；反腐败机构更加健全，兼具独立性与权威性，如设立负责行政监管的监察长办公室（Office of the Inspector General）、从联邦人事局分离出来的负责财产申报和道德教育的政府道德署、弥补制度漏洞的特别检察官（Special Prosecutor）等。

如今，每逢美国选举，一百多年前竞选专家马克·汉纳的话总会被反复提及，“要赢得选举，需要两样东西，一是金钱，第二个我就记不得了”。2020 的美国大选中，近 140 亿美元的花费再创新高[1]，也印证了金钱政治逐步渗透至民主政治中，且金钱政治在政治实践中还促进了政党分赃制的形成。简言之，“政党分赃制”就是政治选举中的获胜党派将其所执掌的公共部门的行政职位，“回赠”给那些在竞选中为该党提供过重要服务的人。这其实也营造了任人唯亲的社会风气，给腐败行为提供了契机，滋生了权力冲突带来的利益冲突以及进入政府的公共权力的随意性。

美国的金钱政治中不乏高新技术企业参与其中，并呈现出进一步向美国政治生态渗透的态势，媒体都称政治与利益集团之间只隔着一扇权钱勾连的“旋转门”。据路透社披露，许多科技巨头都花费大量金额，意图在政府的“关键职位”上安插内线，几家顶级科技公司都曾在 2020 年花费超过 6500 万美元游说美国政府[2]。

在美国对全球化进程的主导之下，大批美资跨国企业开始走向全球，同时衍生出一系列的腐败案件。如美国一家知名时装品牌便曾贿赂阿根廷海关高级官员，该案件还在美阿两国引起较大的反响，最终该公司以高额

---

[1] 《“金钱政治”，美国民主失败的祸根》，载人民网，http：//news. cnr. cn/native/gd/20201213/t20201213_525361378. shtml，访问日期：2020 年 12 月 13 日。

[2] 《“旋转门”让美国政坛变腐败土壤》，载《海南特区报》，http：//www. hntqb. com/html/2021 -02/05/content_3048_3997855. htm，访问日期：2021 年 2 月 5 日。

罚款换取不予起诉的决定[1]。同时，在美国以“推行民主”为名发起的局部战争中，腐败的身影也不时浮现。2019 年，美国《华盛顿邮报》披露了一份“阿富汗文件”，报道称美国浪费了巨额资金在一场打不赢的战争里，在军事上的开销更是占了一大半，而这些被浪费的钱财、武器却被阿富汗的政客、军阀甚至毒贩所利用，这也加剧了阿富汗本身的腐败。而美国给予阿富汗的重建援助中，只有少数真正用在了阿富汗本身，其余都给了美国大公司，如某集团获得了 14 亿美元的合同，仅用在修建学校、诊所和道路上；且即使它向官员行贿的行为被曝光，仍然可以不断获得高额合同[2]。

二、美国反腐法律依据

美国拥有详尽且广泛的腐败行为调查和起诉机制和法律。《敲诈者影响和腐败组织法》和《霍布斯法》规定了对公共腐败（包括滥用职权和敲诈勒索）的调查、起诉和刑事处罚。《旅行法》将贿赂美国政府官员和商业贿赂定为刑事犯罪。《洗钱控制法》将洗钱定为刑事犯罪。《萨班斯·奥克斯利法案》加强了反腐败法律框架，该法案解决了企业中的欺诈行为，确保了公司披露的准确性。《多德·弗兰克法案》规定，举报人提供的信息若使得执法行动成功将给予奖励。旨在遏制腐败风险的《联邦采购条例》使得美国公共采购受到良好的监管，适用于所有行政和军事部门以及国有公司。它包含关于利益冲突的规定，并增加了对犯有欺诈和违约行为的公司处以暂停和禁止运行的条款。世界上执行最广泛的反腐败法是《反海外腐败法》，该法禁止美国实体贿赂外国政府官员。

此外，美国已经批准了经合组织《国际商业交易中贿赂外国官员公约（疏通费除外）》、联合国《反腐败公约》和《打击跨国有组织犯罪公约》、

---

[1] 《美国公司曝海外腐败案多次行贿阿根廷高级官员》，载中国新闻网，https：//www.chinanews.com/gj/2013/05－01/4778099.shtml，访问日期：2013 年 5 月 1 日。

[2] 《美媒：美国用“腐败之毒”毒害了阿富汗》，载《中国青年报》，https：//baijiahao.baidu.com/s?id＝1711658971644134745&wfr＝spider&for＝pc，访问日期：2021 年 9 月 23 日。

欧洲委员会《反腐败刑法公约》、美洲《反腐败公约》在美的实施，使得美国公司面临越来越大的反腐压力，迫使其遵守严格和广泛的反腐败立法。下面对美国反腐历程中具有代表性意义的法律予以介绍。

（一）《政府道德法》

《政府道德法》（*American Government's Moral Law*）是“水门事件”后颁布的法律，目的是规范政府公职人员的职业道德。这部法律中的许多内容并不是第一次提出，但其代表了美国现代公职道德管理发展的一个里程碑[1]。

这部法律规定的主要内容有政府公职人员及其家属的财产申报制、政府道德署的设立、特别检察官的任命与职责、参议院法律检察署的设立。其中，政府道德署虽然是政府工作部门中知名度较低的部门，但它在预防腐败方面的成效突出，其中每年一次的联邦行政官员财产审核制被视为对行政官员的廉政审查，且通过与否直接决定了官员的去留问题，因此该机构也被称为“制约腐败的达摩克利斯之剑”[2]。

（二）《反腐败法》

《反腐败法》（*American Anti - Corruption Act*）是一项示范立法，为联邦法律、州法律确定了一个框架，从根本上重新塑造美国的政治规则，修复有缺陷的政治制度[3]。

《反腐败法》具有三个主要目的，也对应着法案的三个重要组成部分：其一，禁止政治贿赂。通过修复政治规则，塑造政治规定，使得腐败行为人没有机会进行政治贿赂。禁止政治贿赂主要体现为将政客从说客处拿钱

---

[1] 李秋芳、孙壮志：《反腐败体制机制国际比较研究》，中国社会科学出版社，2015 年，第 110 页。

[2] 《制约腐败的达摩克利斯之剑》，载共产党员网，https：//news. 12371. cn/2013/04/15/ARTI1365976999560273. shtml?from = groupmessage，访问日期：2013 年 4 月 15 日。

[3] 《It's Time to End Corruption》，载美国反腐败法网，https：//anticorruptionact. org/，访问日期：2023 年 1 月 10 日。

认定为非法行为、禁止游说者捆绑销售、关闭旋转门、防止政客在工作时间筹款。其二，结束秘密资金。制约收买政治权力的行为，采取措施及时在网上披露政治资金，使民众可以立即访问；阻止捐助者躲在秘密资金集团后面，以秘密获取不当利益。其三，修复破碎的选举。选举是西方大多数国家产生腐败的重要原因，贿赂选举、非法行职、滥用权力等行为在美国大选中更为严重。故法案规定了需要结束选区歧视，明确不按政党约束选民代表；让所有选民参与公开初选，以防初选被权力控制；让选民对最佳候选人进行排名，避免直接确定人选；自动登记选民，防止选民登记系统过时；在自由的时间与地点投票，而不是采取耗时耗力的不安全投票；设置合理的任期限制；改变选举的筹资方式。此外，该法案还设立了执行规则，打击超级政治行为委员会去控制选举、消除说客漏洞以规避政治规则，并明确加强反腐败执法[1]。

（三）《反海外腐败法》

《反海外腐败法》（*Foreign Corrupt Practices Act*）是美国第一部规制本国公司向海外政府机构行贿等腐败行为的法律，也是当今规制美国对外行贿的最主要法律。虽然其他国家也有类似的反腐败法律，但推广全球且真正适用的只有美国。这部法律详细规定了基本禁令如行贿主体、行贿意图、行贿方式、行贿对象以及商业目的的检验，第三方支付、抗辩及相应的合法情况与法律制裁[2]。

我国也有涉及该法的案例。根据2020年某调查结果，美国某公司的中国子公司自2006年到2016年期间一直在向中国官员行贿，目的是获取直销牌照与扩展业务，甚至制定了专门行贿中国官员的计划。美国总部公司

---

[1] Fight Corruption in America：Stop Political Bribery，End Secret Money，& Fix Our Broken Elections，载美国反腐败法网，https：//anticorruptionact. org/whats－in－the－act/，访问日期：2023年1月10日。

[2] 《美国的〈反海外腐败法〉》，载中国商务部网站，http：//trb. mofcom. gov. cn/article/zuixindt/201712/20171202687091. shtml，访问日期：2017年12月19日。

在收到子公司高额消耗费用的报告后，并没有进行相应的调查和处理。最后，该公司被处以1.23亿美元的罚金[1]。

三、美国反腐败调查机制现状

三权分立制衡是美国分权政体的特色，反腐败工作也贯彻了这项原则，几大权力机关之间的互相监督，更有利于制约腐败行为，落实三权分立的实质。在反腐败调查机制中，国会（Congress）参众两院有专门的反腐败调查机构，监察长办公室则分布于各个行政机关内进行监督，司法部属下的联邦调查局（Federal Bureau of Investigation，简称FBI）则独立自主开展相应的调查工作，还有检察机关、特别检察官制度的存在都在有序推进着反腐工作的进程。

（一）国会的反腐调查[2]

独立战争胜利后，新生的美国面临重重困境，最严重的安全问题便是美国西部与印第安人的边境冲突，且印第安人在英国的支持下更加英勇善战，甚至杀死部分边境定居者。为此，新政府开始组织兵力，与印第安人持续作战以保卫边境。1790年，哈默将军惨败战场。1791年，圣克莱尔将军也以重大灾难性结局结束了战局，国会遂开始调查惨败一事，国会的调查权应运而生。

美国联邦宪法并没有明文规定国会所享有的调查权，但普遍认为国会的调查权是其能够开展工作的重要支撑之一，是立法权的重要辅助权力，并逐渐衍生为相对独立的权力。且其他联邦法律与部分州宪法对此也有明文规定，故国会的调查权又被称为潜在的宪法性权力。

---

❶ 《2020年FCPA涉中国案件&全球大案回顾》，载威科先行·法律信息库，https：//law.wkinfo.com.cn/focus/detail/MjQwMzU%3D?q=Herbalife&module=&childModule=&from=editorial&searchId=4cc374981bda475593a58dcfbcb9e110，访问日期：2021年1月26日。

❷ 华娅玲：《美国国会调查权研究》，硕士学位论文，西南政法大学，2016年。

国会调查权的行使由专门的机构经国会参众两院授权后负责组织和统一协调。总体而言，调查权的组织实施主体包括主要调查机构和调查辅助机构两部分。主要调查机构一般是各常设委员会、参众两院针对特定调查事项分别临时成立的特别委员会，以及参众两院的联合委员会，而调查辅助机构则主要包含国会审计总署、研究部等。

常设委员会在国会监督行政部门方面发挥着至关重要的作用，成为国会行使调查权最主要的机构。各常设委员会负责对其管辖领域的行政部门的日常工作进行监督，并决定是否展开专题调查。自1789年至今，美国众议院已设立选举、法案公布、法律修改等六十余个常设委员会，参议院亦设有二十余个常设委员会，涵盖立法、监督、财政、行政等各个方面。各常设委员会下又设有若干小组委员会，小组委员会各司其职，自行决定调查自己所辖领域的事务，并作出调查报告，向常设委员会提出建议。而各常设委员会在其认为有必要的时候，也可直接将小组委员会所负责调查的事项纳入自己的调查范围，展开专题调查。常设委员会设有一名主席，由授权调查决议的提案人担任，当议员提议调查的机构不属于其本人所在的委员会时，调查委员会的主席一般是由常设委员会的成员担任，而调查委员会成员则经由主席、议长、多数党和少数党领袖讨论决定。

特别委员会系国会为调查和研究特定案件和问题而专门设立的临时调查机构，设有主席、副主席职位，分别由多数党议员和少数党议员担任。委员会成员则由议长、副议长、多数党领袖和少数党领袖协商选举产生。特别调查委员会作为常设委员会的补充，以举行听证会等形式展开调查工作，代表两院进行调查、研究，并提出建议、报告，在调查活动结束时即告解散。通常状况下，是否设立特别委员会受到两方面因素影响，首先是调查事项是否关乎政府名誉、政治制度，其次是调查事项是否涉及党派纷争，且影响重大。换言之，只有在事项严重、社会影响极为严峻的情形下，国会才会组织全院大会讨论是否通过设立特别委员会对特定问题展开调查。而决议也必须载明特别委员会设立的目的、任务、组成、调查权限、调查方式等内容，并由国会拨付一定数额的调查经费。

除上述主要调查机构之外，国会还设有一些辅助调查机构，其职责在于向国会定期报告有关政府部门的工作情况及其出现的系列问题、为委员会的调查提供专家支持、提出调查方法方面的建议、协同主要调查机构展开对行政机关及其工作人员的调查等。这类调查机构主要有国会审计总署、研究部、预算局、技术评估局、总会计办公室等。此类调查机构的存在，使得国会拥有了独立于行政部门的调查资源，有助于提高国会调查活动的效率。审计总署作为一个独立的调查机构，在国会与总统之间居于中立地位，被喻为国会的“猎犬”、行政部门的监察者，负责监督政府部门的工作状况、财政状况、使用拨款效率，展开对行政部门未报或者少报的扣款数额的调查，对政府机构的各项计划进行评价，并将相关情况向国会报告，协助调查行动。国会研究部的功能在于为国会的调查活动提供专业的咨询服务，参与国会听证会，就证人、询问事项等内容展开分析，向国会提出切实可行的建议。然而，它并不会实际参与决策，只是立足于对特定案件事实的研究，在政治上居于中立地位。国会预算局的职责是就预算的执行情况向两院作出报告，并在调查预算相关事项时向调查委员会提供专业人员。技术评估局的职责则是为国会调查提供技术支持，在涉及复杂的技术问题时，协助调查委员会展开调查，研究和评估采用一项技术可能产生的影响，分析其利弊，并向国会提供其他相关信息。

国会调查的刑事程序具有严格的步骤，一般情况下分为以下步骤：首先是启动程序。常设委员会或特别委员会所享有的针对特定事项的调查权，必须得到国会两院的授权才能够展开。参众两院须通过召开全院大会以决议的形式授权委员会进行调查，并就调查的权限、内容等事项作出明确规定。具体而言，在特定事项发生后，两院议员若认为有必要启动国会调查程序的，须先向有关程序委员会提出展开国会调查的议案，由程序委员会审核并制成审核报告。与此同时，国会调查的启动还需国会拨款委员会（参议院是“临时费用控制与稽核委员会”）通过拨款决议，申请向调查委员会提供经费支持。在此基础上，前述委员会还需要将各自出具的报告提交到全院大会，再由院会通过决议，决定是否授权有关常设委员会或特别委员会就特定事项展开国会调查。值得一提的是，常设委员会或特别委员会就特定事项展开调查，首要前提是必须得到全院大会的特别授权，且该授权必须经全院大会以多数票通过，而参众两院联合委员会展开的调查也必须得到两院一致通过的决议的授权。当院会通过决议由常设委员会展开国会调查时，该委员会主席则会指令其下设的一个小组委员会共同展开调查。调查工作的期限参众两院稍有差异，具体表现为参议院调查委员会的工作期限限于院会的授权期限，而众议院调查委员会的调查工作则直至本届国会期满。

（二）联邦调查局的反腐侦查[1]

联邦调查局是美国最重要的犯罪侦查机关，也是美国最重要的情报机关之一，其英文缩写 FBI 更闻名于世，也代表着该局的原则——忠诚、勇敢和正直。联邦调查局下设 10 个分管不同领域的职能部门，由助理局长担任领导，还有分布于 59 个城市的外勤办事处以及相应的四百多个地方分局，也有 22 个驻外机构分布于世界各地。该局是司法部的下属部门，但其局长由总统直接任命，可见该局的重要性。目前，联邦调查局有两万多名工作人员，八千多名都是外勤人员，每年预算高达 23 亿美元[2]。

在对腐败案件的侦查过程中，联邦调查局可使用特殊的侦查技术，这些特殊技术同时也是主动发掘腐败信息的重要渠道。联邦调查局独立于各个部门及地方政府，主要职责是对重大犯罪案件进行调查，在打击贪污腐败方面有绝对的优势，所以，美国总统特别授权给联邦调查局一些特殊的技术手段使其充分行使侦查权。该部门可采用专门的技术手段或者采取专

---

[1] 季美君：《美国反腐败侦查机构——联邦调查局》，《检察日报》2016 年 8 月 2 日。

[2] 《美国联邦调查局》，载美国联邦调查局官网，https：//www.fbi.gov/about/mission，访问日期：2022 年 11 月 5 日。

项的反腐行动进行调查，如“银锹行动”和“死盯技术”。联邦调查局使用此种技术调查的对象，可以是在接到举报后针对某个有腐败嫌疑官员，也可以是随机选择官员予以适用。“银锹行动”类似于“钓鱼执法”，指联邦调查局为了考验政府官员，有权主动引诱腐败行为的发生。如联邦调查局可用手上的资金特意开办公司，与政府某部门或主管官员接触，给予其大量的现金贿赂进行试探，若成功上钩，则该过程将成为腐败的证据，交由法院。如2014年，加州首位华裔州参议员在官场步步升高时，便被联邦调查局设局逮捕。不同的卧底探员假扮成商人、黑帮分子与其私下接触，通过提供高额竞选款项为由进行试探，结果该参议员多次上钩，安排卧底与其他议员见面且答应后期的商业利益照顾，并牵扯出意料之外的倒卖军火生意，包括枪支、重型武器、导弹发射器甚至导弹。该参议员逐步陷入卧底的圈套，卧底们将上述一切都进行录音并记录在案，最终在武器合同成立前将其逮捕[1]。

“死盯技术”就是对某官员使用长期战略，利用该官员的熟人对他进行长期盯梢，并通过窃听手段常年对官员进行监控，形象生动的比喻就是联邦调查员像苍蝇一样整日在某个官员身边转，当然，前提是该官员确实存在腐败的嫌疑。但凡被盯过的官员，都有因此而被毁掉政治前途的可能性。美国联邦政府试图通过赋予联邦调查局这种特权，以期能够掌握反腐的主动性，进而督促政府官员加强自我道德管理，严于律己[2]。此外，派人卧底跟踪、安装窃听等也是联邦调查局进行腐败证据收集的常用手段，也是其为反腐工作主动出击的重要手段。

（三）监察长办公室的行政反腐调查

“二战”后，由于政府承担的公共职责越来越多，掌握的权力也越来

[1] 《美国FBI设局诱捕加州华裔议员做法引发争议》，载环球网，https://world.huanqiu.com/article/9CaKrnJESuD，访问日期：2014年4月21日。

[2] 吴倩君：《美国联邦政府反腐败体制研究》，博士学位论文，南昌大学，2013年。

越大，而行政监管能力却没有跟上发展步伐，故行政腐败现象越发严重。为了解决上述问题，1978 年，国会出台了《监察长法》，在联邦行政机关及其部门中设立总监察长办公室，由总监察长及识别、审计和调查部门内不良问题的公务员组成。由上可知，监察长办公室并不是一个完全独立的机构，而是设立于行政机关内部的监督机构，是专门的行政监察机构，但它具有相对独立性，总监察长直接由总统根据参议院的建议来任命，并定期向国会和总统报告工作，接受质询和监督，而不仅仅针对于所属的部门首脑❶。

截至 2019 年，美国联邦一共设立了 74 个监察长办公室（军队系统不计），聘用了约 13500 名雇员。监察长分以下四类：一般行政机关监察长（33 名）、指定联邦实体监察长（32 名）、其他常任监察长（7 名）以及特别监察长（2 名）❷。不少州和地方政府也纷纷设立了综合性的行政监察机构，如佛罗里达州建立了 45 个综合监察官办公室❸。

每个行政机关及其部门的监察长负责监督所属行政机关的一切活动，并负责阻止一切腐败行为、违法失职行为等不当行为的发生。具体的工作包括以下：（1）制定监察计划：监察长办公室每年年初都要根据实际情况制定具体的监察计划，以此推动监察活动的有序进行。（2）跟踪项目检查：监察长办公室需要对财务支出项目及相应的活动进行跟踪，检查其中的支出合理与否以及公职人员的行为合法与否。（3）接受举报或控告：监察长办公室可以接受所在机关的其他工作人员的举报与控告，也可以接受社会公众的热线电话，并采取必要措施保障举报者或控告者的安全，以防他们受到打击报复。（4）调查案件及收集证据：对接受的举报或控告，以及发现的案件线索，监察长办公室都应进行调查，按照法律程序在其权力范围内查询行政机关相关文件，询问相关公职人员，必要时可以发出传票

---

❶ 任会芬：《中美反腐败机制比较研究及启示——兼论中国国家监察体制改革》，《社会科学》2019 年第 8 期。

❷ 江振春：《特朗普解雇监察长：挑战联邦政府问责制度》，《世界知识》2020 年第 12 期。

❸ 季美君：《美国反腐败的监督机构》，《检察日报》2016 年 8 月 16 日。

进行调查取证。其中，案件的调查活动，既可以根据国会成员或行政机关公职人员的要求开展，也可以由监察长办公室主动开启。(5) 协助调查：监察长办公室在收到其他机关的辅助调查文书或将案件移交给下一个机关进行处理时，也应当作好协助调查工作，以确保案件顺利解决。(6) 提交报告：除了平时的工作报告外，对于重大调查事项，监察长办公室应及时向总统及国会提交报告。(7) 提出建议：针对所发现的问题，监察长办公室有权向所属行政机关的首长提出改进建议，后者需在 30 日内答复。(8) 其他法律规定的职责❶。

监察长办公室的反腐败工作取得了不错的反响，以 2016 年被曝光的国民警卫队"性侵案"为例。西弗吉尼亚州的一名国民警卫队中校 2012 年举报称自己被一名军衔比她高的军官强奸，事后该警卫队的副管长采取了报复行为，在军事评估报告中给予她不利评价。这一切都在国防部总监察长办公室的调查中被查明，而后监察长对该警卫队提出建议称，陆军部长可以采取适当的行为来惩罚这一报复行为，同时删除被害人的所有不利评价，并对其行为给予嘉奖及组织评审来决定其是否应晋升上校❷。

但近几年，监察长反腐败工作的推行层层受阻。自美国前总统上台以后，各部门的监察长办公室稳定地推行反腐败调查。2019 年，国务院监察长在调查总统绕过国会批准、私自向沙特阿拉伯和阿联酋等国出售高额武器的违法行为时，被其解雇致使调查中止，问及解雇理由时，该总统却回应称监察长是奥巴马时期任命的，俨然将监察长拉入了党派斗争中。国防部代理监察长调查政府关于新冠肺炎疫情的高额经济刺激方案时，也遭到了前总统的解雇。卫生与公共服务部首席副监察长调查并公布了政府防疫用品短缺、应对疫情不力的事实，却因"抹黑政府形象"被解雇。诸如此

---

❶ 四川省社会科学院课题组、四川省廉政建设研究中心：《国外境外预防腐败体制机制研究》，四川人民出版社，2018 年。

❷ 《五角大楼证实：女中校举报上级强奸遭报复》，载国际在线网，https://mil.cri.cn/20160531/4ce9f884-f5e0-2a9e-c789-3e9765c736ba.html，访问日期：2016 年 5 月 31 日。

类的事实有许多，美前总统一连解雇了几名监察长，引起舆论一片哗然[1]。其行为破坏了监察长办公室的独立性，监察长独立的任命条件需要遵照严格的法定程序，解雇当然也需按照程序进行，而白宫的一则夜间通告便宣布了监察长的下岗，无疑是在挑战监察长制度的权威，也为监督与打击腐败行为增加了难度。

（四）检察官办公室和检察官的反腐侦查

美国并没有独立的检察体系，其联邦检察官办公室（Prosecutor's Office）与联邦司法部是结合在一起的，总检察长就是司法部长，也即检察权是行政权的派生。美国的检察体系呈现出“三级双轨、相互独立”的特点，“三级”指的是联邦、州及市镇三个政府级别，“双轨”则指联邦与地方两个轨道，也即联邦检察体系与地方各级检察体系是相互独立、互行不悖的。

美国共设有94个联邦司法区，每个司法区都设有一个联邦检察官办公室，由一位联邦检察官（Prosecutors）和若干个助理检察官组成。一般情况下，检察官办公室在检察长方针政策的指导下，独立行使侦查权和起诉权，只有发生重大案件或者特别案件时，才会寻求检察长乃至司法部及刑事处的帮助。司法部刑事处处长由助理检察长兼任，下设五个科负责具体的调查领域，协助检察官办公室的案件处理[2]。各区检察官办公室的内设机构、规模大小都有所差异，并不是完全统一的，具有多样性的特点。在州一级，共有2700个州检察署。另外，还有为数众多的城市检察机构，联同联邦司法部的有关部门一道构成了美国的检察系统[3]，而相比之下，司法机关下的检察官则主要负责对违犯行政的法律法规腐败案件进行侦查和起诉。

---

[1] 江振春：《特朗普解雇监察长：挑战联邦政府问责制度》，《世界知识》2020年第12期。

[2] 何家弘：《美国检察机关承担公诉和自侦职能》，《检察日报》2014年11月25日。

[3] 季美君：《美国的反腐败机构》，《检察日报》2016年7月26日。

根据法律规定，检察官有权对违反法律、贪污受贿、行政腐败等案件进行侦查和搜证，同时还有权对其他有调查权的机构进行指挥和监督。一方面，检察官能够通过对行政人员的腐败犯罪进行侦查，以及对侵害公共利益和公民权利的政府行为进行调查，有效地打击腐败行为。另一方面，检察官作为国家公诉人，负有对涉及政府及政府公职人员的案件统一控告起诉的职责，而这一职责的承担主体通常是司法部下属的司法部刑事处。在地方层面也是如此，检察官负责反腐败调查的主要任务。与我国腐败犯罪由检察机关专口管辖不同，美国对于国家工作人员的腐败犯罪行为，除了任命独立检察官进行调查外，一般采取两种管辖模式：一是由检察官领导指挥警察进行侦查，二是检察官直接对腐败犯罪进行侦查。

（五）特别检察官制度

特别检察官制度的产生最早可以追溯至 1875 年，但正式诞生是因“水门事件”，时任总统随便罢免调查自己的特别检察官这一举动，直接促使国会于 1978 年在《政府道德法》中明确规定特别检察官制度。自此，特别检察官有了正式的法律依据。然而，特别检察官的存在期间非常短。1983 年，因认为该项制度与水门事件的捆绑程度过高，国会对《政府道德法》进行修改，将“特别检察官”的名称改为“独立法律顾问”。1992 年，因共和党多番反对特别检察官对该党党员的调查，该法失效。1994 年，因“白水事件”的发生，国会又重新出台《独立法律顾问授权法》，并任命肯尼斯·斯塔为独立法律顾问，而斯塔在后续调查中的严重不正当表现，又使该法于 1999 年失效。此后，特别检察官丧失了正式的法律依据，仅依靠司法部的内部规范运行，这也意味着特别检察官的存在依附于司法部的决定，随时可以废除[1]。

特别检察官制度是指由特别任命的检察官对涉及国家公职人员的特殊

[1] 夏菲：《美国特别检察官制度的前世今生》，《检察日报》2018 年 5 月 29 日。

重大违法犯罪行为进行调查和起诉的一项制度，也是独立于现有的行政体系、司法体系与检察体系之外的特别检察制度。特别检察官的任命对象只能是“民间司法专家”，即不属于现有检察体系的法学专家或法律界人士等擅长法律者，这保障了特别检察官与被调查者、检察机关之间不存在利益纠葛与利害联系，有效保证了特别检察官的独立性。此外，为了充分调查案件，法律还赋予特别检察官充分的组织人事权、调查权、传讯权、弹劾权、诉讼权等特殊权力，极具特殊性，在其任职期间可以无限使用上述权力，直至案件真相被查明。特别检察官也不能轻易被免除职务，除非存在身体、精神上的残缺，抑或严重的不当行为，或其他损害到特别检察官职务的其他情况，如一开始调查美国克林顿夫妇“白水事件”的共和党人菲克斯就因为没能真正调查到实处而被中途罢免❶。

特别检察官制度随着美前总统的上台又再次受到热议。在该政府执政过百日后，司法部副部长便委任了联邦调查局的前局长作为特别检察官调查“通俄门事件”，即前总统及其竞选团体在美国大选期间的行为与俄罗斯黑客的行为是否有关联。特别检察官在调查期间，除了聘请 19 位专业律师，还请求了 40 位联邦调查局特工、情报分析员、法务会计师等专业人员的帮助，组成了专业的调查队伍。并且，他还发出上千张传票，执行了近 500 张搜查令，获取多份私人通讯记录以及号码监听命令，甚至向外国政府提出了 13 份取证请求以及采访了约 500 名证人。可以见得，特别检察官使用的权力仍然是原本法律所规定的特别检察官享有的特别权，其使用的次数与数量之多，也反映了在案件调查期间的庞大权力。特别检察官也依法公开了其获取的证据与报告，最终没有发现前总统及其竞选团体与俄罗斯方面存在共谋或者协调的行为❷。

---

❶ 石庆环、刘博然：《论当代美国政府权力制衡——以“通俄门”调查为视角》，《吉林大学社会科学学报》2020 年第 60 卷第 1 期。

❷ Report On The Investigation Into Russian Interference In The 2016 Presidential Election, *U. S. Department of Justice*, March 2019. https: //www. justice. gov/archives/sco/file/1373816/download.

四、美国反腐调查机制的特点[1]

腐败是一个困扰各国政府已久的难题，即便发达如美国，腐败也只是暂时被边缘化了，腐败的动机和风险依然存在，所以我们仍然能时不时听到或看到美国爆出的政治丑闻或腐败报道。但不可否认的是，美国确实建立起了一套完善的廉政机制，也从制度上进行了查漏补缺。然而“从体制上根除腐败滋生的源泉，并不等于能够完全消除现实政治生活中的腐败现象”，美国联邦政府反腐机制固然存在一些问题，但其在反腐败斗争中的作用和功效依然是巨大的，这种机制利大于弊，也是美国联邦政府高度廉洁的重要保证，其中有很多是值得我们吸收和借鉴的，而对于这些缺陷和问题，也需要我们擦亮双眼，防止重蹈覆辙，做出进一步改进和完善。

（一）调查权力的全面性与制衡性

美国联邦政府将权力一分为三，而在这种政治制度框架的设计内，政府部门及政府公职人员反腐的权力也被分解，分别授予给行政机关、立法机关和司法机关三个互相独立而又平等的权力主体，这使得反腐调查权力分配得足够全面，覆盖了行政、立法、司法各领域。行政领域有各部门各级的监察长办公室进行全方位的反腐调查，立法领域有国会内参议院、众议院的常设委员会和其他委员会进行专门监督，司法领域有联邦调查局、各级检察官办公室及检察官进行反腐案件的侦查，还有更为独立的特别检察官予以保障。三个权力主体都设有各自独立于其他两者的反腐机构，都分别享有反腐的各种职能和权限，但实质上的反腐调查机制具有全面性。这种权力分散至全方位的局面使得对腐败的监控无处不在，能够在一定程度上消除腐败滋生的温床，使得潜在腐败事件也无处藏匿。三个权力主体

[1] 吴倩君：《美国联邦政府反腐败体制研究》，博士学位论文，南昌大学，2013年。

之间在反腐工作上也呈现出互相制约和制衡的局面，司法机关、立法机关、行政机关三者不仅有内约机制，即对内部的腐败进行自我纠错和治理，还必须承担起对另外两个机关所负有的反腐职能。这样一种权力分散的格局，迫使它们必须接受来自外部的严格监督，同时也使得任何一个权力主体都不可能对腐败问题自我包庇，或者任意两者之间互相包庇。具体的反腐职能和权限同样也被分配于不同的反腐机构，形成反腐权力的二次制衡。如联邦调查局只负责腐败案件的调查取证工作，调查结束后，将结果送司法部或其他部门处理，而后再由司法部负责将案件起诉到法院。美国各个州都设有调查腐败的专职机构，都有各自的管辖权限。在通常情况下，联邦政府、州政府反腐败机构各自查处发生在所管辖范围内的腐败案件，但州长腐败案件，却必须由联邦政府反腐败机构负责调查；甚至有些涉及外国的案件、跨州案件还要由联邦政府查处或与州政府联合查处。这种机构之间的相互制衡，既防止了腐败行为的发生，也可以确保已发生了的腐败行为能够及时得到有力的查处，但是，这种安排也会造成反腐资源的浪费、反腐财政投入负担重等负面影响。

（二）调查机构的独立性和权威性

依法成立的反腐调查机构都普遍具有相对的独立性。如国会特别委员会的正副主席职位要由多数党与少数党分别担任，制衡之下保证了一定的独立性；国会的其他辅助调查机构则使得国会拥有了独立的反腐资源；监察长办公室不受其所在部门管辖，可直接向总统及国会报告；司法部名下的联邦调查局行使的是侦查权，作为最重要的侦查机关，其权威性自然是足够的；特别检察官不受任何机构的干涉，且完全脱离原检察体系的人员设置，独立性更是居于首位。而这些机构本身就是重要的国家机关，甚至是特设的制度，它们的地位赋予了这些机构极高的权威性，譬如近些年来多个监察长频繁被总统解雇，引起民众公愤。其原因一方面是总统解雇的随意性，大肆滥用其享有的任命权；另一方面则是监察长本身就具有一定的地位，如此解雇是在挑战或是削弱权威性。为了更好地侦破案件事实真相、查找腐败分子，美国赋予反腐调查机构的特权也使其权威性更为突出。如联邦调查局独特的侦查方式，不仅使其在美国国内的权威性与信任度更高一步，甚至闻名于世界各地；再如特别检察官本身就因“水门事件”备受热议，虽然几次三番被撤销，但它的出现仍然代表了绝对的独立性与随之而来的权威性，毕竟比起内部人查内部人，外部人查内部人总是更为可靠。正是反腐机构的这种独立性和权威性，才保证了反腐法律能够得到真正的贯彻和实施，反腐工作独立不受干扰和限制，确保反腐败机构自身的公正性。

（三）运作过程的严密性

在整个反腐的预防、调查及惩治的过程中，美国联邦政府都以严密的法律进行规范，并成立了对应的机构，使得整个反腐过程都极具严密性。尤其突出的是，美国政府十分重视腐败的预防工作，对腐败治理的观念由治腐向防腐、控腐转变，强调在腐败未产生前加大监控和防范力度，彻底破坏腐败滋生的土壤，而不是在腐败发生后给予处罚和弥补。所以，美国联邦政府在预防腐败阶段给予了大量的制度供给，不仅严格规范政府行政行为、强化行政伦理建设，还在政府日常行政工作中建立起了全方位的监察防范机制。也就是说，反腐调查机制与反腐预防机制从前后两个方面各自进行反腐工作，共同形成严密的包围圈。对于政府及其官员的腐败，美国联邦政府用制度和机构织起了两张严密的网：一张是预防腐败的机构网，如政府道德办公室、国会道德委员会、信息政策公开办公室等，其作用是防范利益冲突，及早发现可能有利益冲突的行政行为，采取相关措施使腐败发生的可能性降到最低；而另一张是调查惩治腐败的网，如联邦调查局、检察官办公室、监察长办公室、特别检察官等，主要负责全方位地监督调查腐败现象，并使腐败最终无法逃脱法律的制裁，许多反腐机构办理的典型案例至今都在影响美国现有的公职体系，尤其是涉及历任总统的经典案例，树立了良好的警示效应。与此同时，在反腐机制运作的各个阶段中，不同权力主体也都拥有相应的反腐职责，互相补充、互相掺杂，使得美国联邦政府的整个反腐过程更加严密。

（四）调查方法的多样性

美国联邦反腐调查机构在反腐过程中运用了许多独特的技术手段，如“银锹行动”、“死盯技术”、安排卧底等。以我国的侦查方法相对比，《刑事诉讼法》明确规定了严禁刑讯逼供和以威胁、引诱、欺骗以及其他非法的方法收集证据，虽然该部法律仅对刑讯逼供取得的证据予以排除，采取的是“宽禁止、严排除”的立法模式，但原则上仍然不可以通过欺骗的方式去收集证据，具体的裁量标准交给司法机关去判断是否严重侵害人身权、意志自由权等。而美国的“银锹行动”便带有设局引诱犯罪的性质，可以针对特定的公职人员采取特定的引诱方式，如给予大量竞选资金、释放购买非法用品的信号、假意签订违法合同等。在这种情况下，虽说大部分对象本就是贪污腐败的公职人员，但也很容易使当事人其实本没有违法犯罪的意图，却因被引诱而从事了腐败活动的情况发生，虽然这些手段存在一定争议，但这些技术手段可以使反腐工作由被动转为主动，使整个反腐机制的运作变得更加机动灵活。一方面，通过这些具体技术手段对所建立的规章制度和机构能够起到一个激活的作用，使反腐工作变得更加积极主动。而另一方面，反腐运作中，外部力量对腐败的监督也能够通过制度的建设给予主动配合，使其发挥出更大的功效。总之，美国联邦政府的反腐败机制整个呈现出了一种积极主动的状态，而不是消极被动去等待腐败发生，等到影响扩大后才采取措施，同时，这一特性也是反腐成效显著的重要原因。

（五）特别检察官的针对性与强权性

特别检察官是美国所开创的独特制度，其特殊之处在美国国内的争议中就可以体现。主要的争议有以下两点：其一，特别检察官独立于现有的检察体系，且似乎不属于司法体系、行政体系与立法体系任一体系。特别检察官的设立目的便是脱离原有检察体系的束缚，实现对被调查对象真正意义上的、彻底的反腐败调查，且特别检察官也不受总统与其他主体的控制，总统与其他主体不能任意罢免特别检察官，除非其有不能进行调查的正当理由。也就是说，特别检察官的独立性是前所未有的，更像是司法、行政、立法权外的第四权，这也是反对者最抗议的地方，认为该项制度与三权分立体制相背离。其二，特别检察官的任命与其他重要官员的任命不同。美国的大部分主要官员都需经国会同意，再经总统任命，而特别检察官如此特殊，总统没有其任免权，一方面彰显其独特，另一方面也让质疑者坚称其违宪❶。且特别检察官的任命对象是检察体系外的法律人，号称“民间司法专家”，而借鉴美国特别检察官制度的韩国、中国台湾地区等地，其特别检察官或独立检察官的任命却是从现有的检察官人手挑选，相比之下美国的原创制度似乎更让民众信服。

特别检察官所针对的对象都是高级官员，历来调查过的对象，都是身居高职、要职的总统以及高级官员。换言之，职位分量不够重的公职人员有腐败行为的，特别检察官都“不屑”于出手调查，因为一般的检察系统足以应对这些普通的违法犯罪行为。而正是因为高级官员职权足够大，且几乎都有强有力的政治关系网，使得相互包庇的可能性极高，或者查明真相、挖掘证据的难度性较大，特别检察官才刚好适用于此。与特别检察官的针对性相匹配的，必然是其强权性，也即特别检察官拥有极大极广的权力，可以任命相关的公职人员组建强大的调查队伍，可以寻求任意机关的帮助与协作，可以查阅任何机关的文件与材料，也可以采取必要的调查方法与强制措施。在不侵犯民众合法权益的情况下，特别检察官能在任职期间无限度地行使权力，这能保证特别检察官真正查明高级官员的腐败事实真相，这已经足够体现其地位的至高性与职务的特殊性，也是民众更能够

❶ 夏非：《美国特别检察官制度的前世今生》，《检察日报》2018 年 5 月 29 日。

信任特别检察官的原因之一。

美国是发达国家，也是世界强国之一，其经济、工业、军事、科技水平都位于世界前列。在反腐方面，美国建立了较为健全的法律制度，涵盖一般领域与特殊领域、国内反腐与国外反腐，还构建了全面完善的反腐调查机制。立法方面，国会主要的反腐调查机构是参议院与众议院的常设委员会，特定情况下还会设立特别委员会专门负责，其他的辅助机构对上述机构的调查起补充与协作作用。行政方面，监察长办公室遍布各个行政机关及其内部各部门，每个监察长都对相挂钩的部门起到直接的监督作用，效果有效且迅速。司法方面，联邦调查局、检察官办公室虽然都位居行政机关名下，但实质上实施的是司法领域的侦查权，且不受所属机关的干涉，独立进行反腐案件的侦查与起诉。特别检察官犹如若隐若现的保障，现今没有法律对其予以规定，仅有司法部规范作为使用依据，但前总统政府上台后发起的特别检察官调查，证明其仍有重要的使用价值。三权分立遍及的三个领域都建立了对应的反腐机制，且彼此之间相互独立又互相制衡，形成了良好的反腐打击循环圈。但从清廉指数与国际排名来看，美国的排名并不高，且时不时爆发的腐败新闻也揭露其腐败情况仍然非常严重。归根结底，仍然是金钱政治隐含的政治腐败与经政勾结、虚假的人权主义以及利己主义更占先头，美国的反腐之路仍面临重重困难。

第四章　俄罗斯的反腐败调查机制

俄罗斯联邦，简称俄罗斯，位于北半球，是横跨亚洲和欧洲大陆的国家，也是世界上面积最大的国家。1991 年 12 月 25 日，苏联解体，俄罗斯真正成为完全独立的国家。但苏联的解体带来了深刻的政治和经济变革，俄罗斯人不得不面对普遍疲软的经济、高通货膨胀和各种社会弊病。然而，尽管存在如此深远的问题，俄罗斯却依然能够显示出其世界强国的潜力。俄罗斯被列为金砖国家，仿佛在证明奥地利政治家克莱门斯·文策尔·冯·梅特涅王子在 19 世纪说过的一句谚语：“俄罗斯永远不会像她看起来那么强大，也永远不会像她看起来那么弱。”

自然，俄罗斯也逃不过被腐败问题干扰，尤其是日益加剧的军队腐败。2019 年，俄罗斯军队的通信总局副局长被捕，其与手下的工作人员不仅在给军队采购无线电设备时掺杂掺假，而且贪污研究经费、挪用公款，涉案金额高达 22 亿卢布（约 2.6 亿元人民币）。由于涉及最为基础的军事设备，此项腐败丑闻势必影响着军队的威望甚至军队基础设施的安全问题，俄总统知道后更是愤怒不已，且下令严查此事，涉案人员的财产也被全部充公，涉案人员一律送审。[1] 目前，俄罗斯的腐败问题仍然没能得到很好的解决。

[1] Russian Deputy Chief of General Staff Arslanov accused of embezzling from state contracts for radio deliveries，载 International Information Group，https：//interfax. com/newsroom/top – stories/17605/，访问日期：2020 年 2 月 7 日。

一、俄罗斯的反腐历程

2021年，俄罗斯的清廉指数排名为136名，比起2020年大幅度上升（见表4－1）。与其他经济大国相比，俄罗斯的排名简直深居谷底，且连年严重低于平均水平，属于比较腐败这一梯队，这一切均说明俄罗斯的反腐工作效果并不好，腐败问题是其社会治理的重要问题。

表4－1　俄罗斯2016—2021六年间在“国家清廉指数”的排名

年份	清廉指数	国际排名
2016	40	131
2017	29	135
2018	28	138
2019	28	137
2020	30	129
2021	29	136

俄罗斯的腐败早在沙俄时期就广泛存在着，沙俄时代的俄罗斯既没有西方国家崇尚的民主，也没有东方社会所具备的儒道中庸，独裁、专制、尚武的血液形成了独特的沙俄作风。独裁统治下的沙俄政府失去了权力的约束，成为没有限制的主体，腐败的存在也就更加自由泛滥，扫荡着国家各个层面、各个领域，而阶级的存在加剧了腐败的深入，最终也导致了沙俄的覆灭[1]。腐败的根基一旦种下，便难以将其铲除，这也是俄罗斯腐败问题仍然严重的主要原因。权力的专制与绝对支配使得腐败拥有了消极的政治文化，腐败也与集权文化一同延续下来，并在时代的演变中产生越来

[1] 《俄罗斯为何腐败不断？历史遗留难除》，载新浪网，http：//k. sina. com. cn/article_6644936017_18c11ad5100100bhfc. html，访问日期：2019年2月11日。

越强大的遏制力。

叶利钦执政时期，由于苏联解体，俄罗斯新旧体制面临着转轨问题，引发了一定的政治波动与经济危机，文化与法制层面也随之落后，腐败问题抓住时机到处泛滥。为此，俄罗斯于1992年通过了第一部反贪污贿赂法草案，对腐败问题加以规范与打击。1993年通过的《俄罗斯联邦宪法》也在其第一章第一条第一款确定了俄罗斯的法治原则，“俄罗斯联邦是实行共和制的民主的、法治的联邦国家”，反腐败相关法律与惩戒条例据此展开。1997年颁布了《俄罗斯联邦政府法》，首次以法律的形式确定了政府公职人员的权利与义务，给予控制腐败相应的法律依据，并在2004年与2005年进行了修改与完善。虽然建立了以上法律规范，但该时期的反腐仅停留于形式。

随着苏联末期戈尔巴乔夫改革、苏联的解体及叶利钦激进自由化改革的开展，俄罗斯社会步入转型时期，社会利益格局分化组合。其中一个核心内容是国有企业私有化，这使得一些官僚寡头和经济寡头在利益的驱使下成功挤进国家政治生活当中。这些寡头集团集国家性、垄断性和官僚性于一身，逐渐成为实力雄厚的新型经济组织体，从而有机会通过暗箱操作、价格低估等违法和非法手段，侵占国有资产，这也是腐败的重要成因之一。国有资产流失的同时，寡头集团却猛然暴富，根据国家杜马1997年公布的内容，私有化过程的损失总计达9500万亿卢布[1]。许多集团的领导人都兼具政治人的身份，要么本身担任政府要职，要么与政府具备亲密的关系，且伸向经济和政治的触角只会越来越长，随着集团经济的蓬勃发展，越来越多的集团会安排人选进入政治领域，谋取更大的保护空间与更多的利益空间。因此，在资本追逐利益、权力支持资本并转化为资本、资本扶持权力这种权力与资本二者交错螺旋上升的状态下，越来越多的集团显示出了其官僚性质。

---

[1] 《俄式反腐》，载齐鲁晚报，https：//epaper. qlwb. com. cn/qlwb/content/20180113/Article-1A07002FM. htm，访问日期：2018年1月13日。

2000年3月，普京正式就任俄罗斯总统，上任之初便着手打击金融寡头及政府腐败。为了解决叶利钦执政时期“放任腐败蔓延，反腐法令流于形式”所造成的残破局面，俄总统提出了第一阶段的“权力反腐”构想。俄政治艺术中心副主任曾指出，俄总统第一任期的目标是打击寡头，第二任期的目标是反腐败。然而，俄总统在第一任期打击金融寡头的同时，就已经掀起了两轮反腐风暴：第一轮从2001年秋季开始，对涉及司法、海关、渔业等部门的寡头集团进行整治，甚至加上了总统办公厅事务管理局；第二轮风暴自2003年6月开始，联邦安全局、内务部等“主心骨部门”也是腐败“重灾区”。在打击腐败重灾区的同时，俄总统也在尝试构建反腐部门以及配套的法律法规，因此，2014年1月12日，由总理领导的反腐败委员会正式成立，主要负责深入研究腐败现象并制定反腐对策。

在普京政府第二阶段的“制度反腐”构想中，正值梅德韦杰夫上任伊始，故在俄总统的引领下，其也随即开始着手治理腐败。首先，梅德韦杰夫上任之初就成立了“反腐委员会”，通过建立专门的反腐机构来提高反腐法律的执行效率；此处的反腐委员会与上述俄总统成立的反腐败委员会不同，新反腐委员会直接由国家总统领导。不仅如此，梅德韦杰夫还提议建立统一的纪检机关，以此形成专门对司法权、行政权进行监督的反腐败机制。其次，提出了立法为先的理念，批准并签署了《联邦反腐败法》(*Federal Law on Counteracting Corruption*)，后称《反腐败法》。2009年5月20日，建立在《反腐败法》基础上的“反腐败法令”由梅德韦杰夫批准生效。最后是制定“反腐败国家战略”，梅德韦杰夫督促政府推出了“国家反腐败计划”，旨在形成具有条理性、逻辑性、连续性的反腐败制度[1]。

俄总统在第三次入主克里姆林宫后，加大了反腐力度。这个时期的反

---

[1] 焦玙璠：《俄式反腐历程与成效评析》，厦门大学外文学院第九届研究生学术研讨会论文集，2016年12月。

腐也可以分为两个阶段：第一阶段是“权力反腐”，典型案例是打掉了借私有化暴富的寡头霍多尔科夫斯基。第二阶段是“制度反腐”，建立并完善了财产申报制与公开制，反腐委员会统筹落实反腐工作，禁止公职人员及其配偶伴侣拥有海外账户及财产，等等。俄总统还试图从取消特权车这一领域入手，整顿高级官员的作风。此番操作使包括 8 名高级官员在内的 200 多名官员被革职，且反腐工作持续加压，不断走向“深水区”。

俄总统于 2002 年在《国情咨文》中谈及：“俄罗斯官僚人数众多、办事磨磨蹭蹭，人们都在用贿赂克服种种行政障碍。”在反腐败工作会议上，俄总统再次发言称，俄罗斯的腐败阶层已分别组成单独的黑社会，从官员腐败衍生到各行各业都有腐败。事实上，作为维护社会公平和正义的主力机构以及反腐败主要机构的司法部门，腐败现象同样普遍和严峻，警务和交警部门中的腐败现象也同样较为严重，海关系统也是俄罗斯腐败泛滥的重灾区之一。正因为如此，2017 年 3 月 26 日，反对派领导人阿列克谢·纳瓦尔尼及其支持者抓住了民众的不满情绪，抛出腐败问题引起公愤，在俄罗斯莫斯科举行了大型的反腐败游行示威活动，而后俄罗斯 80 多个城市均爆发了集体游行示威活动，要求严格惩处腐败分子，改变严重的腐败现状，甚至要求部分官员下台。游行事件足以说明腐败问题是影响俄罗斯政局稳定的一大绊脚石，现行反腐体系已经无法压制腐败行为的发生与持续，甚至对民生问题也产生了巨大的负面影响，尽管 2016 年年底，俄罗斯官方刚兴起“反贪风暴”，整治了部分贪污官场，包括经济发展部部长在内的多名公职人员纷纷下台[1]，并持续推进反腐败机构改革，完善反腐败立法，但受国内经济萎缩及国际环境恶化的影响，其反腐举措的实施力度及效果受到了很大程度的制约。

---

[1] 《俄罗斯多地爆发反腐败游行》，载新华网，http：//www. xinhuanet. com/world/2017 - 03/27/c_129518848. htm，访问日期：2017 年 3 月 27 日。

二、俄罗斯的反腐败法律规定

俄罗斯有着较为全面的反腐败法律框架，《刑法典》（*Criminal Code*）、《民法典》《国家公务员法》《俄罗斯法典》《刑事诉讼法》等法律规范都在各自的领域规定了对应的腐败行为，并明确了违法人员应当承担的纪律、民事、行政和刑事责任。各个法律规制的反腐败对象主要是纪律腐败行为、行政腐败行为、腐败罪和与腐败罪有关的罪行。纪律腐败行为是指有腐败迹象、非犯罪或行政违法行为的不当行为；行政腐败犯罪是仅有腐败迹象的，但并不存在行政责任的罪行；腐败罪是俄罗斯联邦《刑法典》中有关条款规定的，含有腐败迹象的公共危险行为；与腐败罪行有关的罪行，是俄罗斯联邦《刑法典》条款规定的，与可能被判犯有腐败罪的人共谋实施的任何公共危险行为。同时，俄罗斯还积极参与国际腐败打击活动，其不仅是欧洲委员会反腐败国家集团的成员国，还是联合国《反腐败公约》和欧洲委员会《反腐败刑法公约》的签署国，并批准了经合组织《反贿赂公约》在其国内的适用。尽管俄罗斯目前正打算退出《反腐败刑法公约》，但也只是结束与“不友好”国家的合作，与“友好”国家的反腐败合作仍继续开展[1]。

俄罗斯的反腐败法律体系虽然庞大，但相对应的运行机制并不健全。一方面，一些立法内容缺乏实操性，如司法信息公开法律制度缺乏具体的规定，导致没有相应的配套措施予以实施。诸如此类的法律制度还有很多，加之俄罗斯的司法腐败本就严重，故法律的执行存在困难。另一方面，执法人员的法律素质较低，行贿受贿、索贿谋权、敲诈勒索、滥用职权等腐败行为较为普遍，使得本应使法律发挥效果的专业队伍也成为腐败集团。俄罗斯当地盛传反映司法腐败严重性的说法：“当诉讼缠身时，最

[1] 《俄称将不得已退出〈反腐败刑法公约〉》，载法治日报，http：//epaper. legaldaily. com. cn/fzrb/content/20230116/Articel06004GN. htm，访问日期：2023 年 1 月 16 日。

好的解决办法是和解。我们不害怕审判，但我们害怕法官，因为法官最容易被贿赂。就像鸭子的肚子，法官的口袋很难被填满。进入法院时你穿着一身衣服，出来时你会一丝不挂。”综上，俄罗斯的法律实际落实效果并不好，备受法学专家、社会民众与舆论的抨击和质疑，许多民众甚至不相信法律能够真正落实在实处，保障自身的权益。

（一）《刑法典》

《刑法典》将腐败行为规定在第三十章“侵害国家政权、侵害国家公务利益和地方自治机关公务利益的犯罪”名下，具体包括：滥用职权；逾越职权；拒绝向俄罗斯联邦联邦会议或俄罗斯联邦审计署提供信息；冒用公职人员的权力；非法参与经营活动；受贿；行贿；伪造文件；玩忽职守等行为。还有其他侵犯特定权利与权益的腐败行为被规定于特殊章节之中，如商业贿买、挑拨贿赂、不执行命令等。与此相对应，1996 年《民法典》还禁止向国家官员赠送超过 3000 卢布的礼品，禁止法人实体之间互相赠送礼品，并对违反上述禁令的行为实施民法制裁。《国家公务员法》规定了处理政府官员和其他官员收到的礼物的方法。值得注意的是，无论其价值如何，只要是为了实现腐败目标的礼物，都是被禁止的，并可能构成刑事贿赂。

另外，根据《刑法典》对公职人员做出的描述性定义，可能因收受贿赂而受到刑事起诉的“公职人员”，一般包括担任政府机构代表或在政府机构、市政机构、军队、国有公司、国有和市政单一企业以及由国家控股的股份公司的工作人员。担任“国家职务”（即俄罗斯宪法、联邦宪法和联邦法律为履行政府机构职能而确立的职位）的个人收受贿赂，也应受到惩罚。类似的规定涉及担任“联邦主体职位”的个人。然而，只有在特定情况下，市政公务员才可能因贿赂而受到刑事起诉。

（二）《反腐败法》

《反腐败法》出台于普京与梅德韦杰夫执政时期的“制度反腐”阶段，

2008年12月19日由国家杜马通过，2008年12月22日由联邦委员会批准生效，成为俄罗斯第一部反腐败法律。该部法律仅有14条规定，分别从“贪污贿赂”的概念、法律基础、主要原则、具体措施、公务员的财产申报义务以及法律责任等方面对反腐败的开展作出了具体的规定[1]。

《反腐败法》指出，腐败行为（亦称贪污贿赂）是指国家公职人员或地方自治机关公职人员为本人或第三人谋取金钱、贵重物品、其他财产或财产性服务，或者其他财产权利等形式的利益，滥用公职地位、行贿、受贿、滥用职权、进行商业贿赂或实施其他非法利用其职务便利的行为，或者其他自然人向上述人员非法提供这类利益的行为。

《反腐败法》追求管理目标，因而规定了公职人员的确切范围，且在很大程度上是与《刑法典》的定义存在相互交集的。《反腐败法》规定，“公职人员”一词包括所有通过选举或任命的官员，俄罗斯政府机构中各级行政、立法或司法部门的任何雇员以及履行市政服务的官员。对于非市政官员，俄罗斯政府根据《国家服务法》保留了一份被视为受该法约束的公务员雇员类别的清单。然而，在某种特定的情况下，也应将国有公司、上市公司和某些其他非商业性国家组织（中央银行和政府基金）的雇员视为公职人员。

（三）《行政犯罪法》

《行政犯罪法》（*Code of Administrative Offences*）自2001年12月30日通过，经过逐步修正与补充，至今仍得以适用，该部法律是关于俄罗斯联邦主体行政犯罪的法律，目的是规制行政行为，防止行政犯罪侵害公民的权利与自由。主要内容包括：行政犯罪立法的目的与原则、行政犯罪与行政责任、行政处罚、行政处罚的实施、各类具体的行政犯罪、有权审理行政犯罪案件的法官、机关和官员、行政犯罪案件的审理、诉讼参与人及其

---

[1] 《俄罗斯的反腐败立法》，载全国人民代表大会网，http：//www. npc. gov. cn/npc/c16115/201311/a9c961cd882b4e6795d4ce505d6be43e. shtml，访问日期：2013年11月20日。

权利义务、事实证明、证据以及证据评估，等等。其中，对各类具体行政犯罪的规定，实质上也规定了行政公职人员应当履行的义务，也即公职人员的腐败界限。

此外，根据《刑法典》和《行政犯罪法》的规定，外国公职人员的腐败行为也是被严格禁止的，法律对外国公职人员的腐败行为的适用与国内腐败的处理规定是相同的。

三、俄罗斯联邦的反腐调查机制

《反腐败法》规定，联邦国家当局、联邦各实体当局、地方政府机构、民间社会机构、组织和个人能够在其职权范围内打击腐败，即对腐败犯罪进行侦查、预防、制止、揭露和调查，但由于缺乏具体、明确的规定，即如何设立打击腐败的机构、如何打击腐败、怎样进行具体的处罚和规制并不明确，使得上述法条规定的内容无法落实。

俄罗斯除了设立一般执法机构如警察、公诉机关等打击腐败行为外，还设立了几个机构负责执行联邦反腐败措施，例如，作为监督机构的总统反腐败委员会和特别负责法律草案反腐败审查的司法部。俄罗斯联邦总统确立国家反腐的主要方向，并规定了不同机构在反腐败中的角色定位，在俄罗斯联邦，履行调查职能的机构主要有各机构内部反腐部门、侦查委员会、检察官办公室，其中联邦侦查委员会负责统一协调检察院、内务部和联邦安全局的内设侦查机构之间的权力运行模式。

（一）联邦侦查委员会的反腐侦查

《俄罗斯联邦侦查委员会法》的通过，标志着俄罗斯联邦检察官办公室名下的侦查委员会自治侦查部门从检察体系中被独立分出，联邦侦查委员会（the Investigative Committee of the Russian Federation，俄语简称 CKP）正式成为单独的机构，2011 年摆脱检察官办公室的指挥，改为由总统直接领导。一般情况下，普通的案件由联邦内务部与联邦检察官办公室共同负责，遇到特殊的复杂案件或重大案件，则由联邦侦查委员会专门负责。除此之外，联邦侦查委员会还负责监督联邦政府部门、警察机关的执法事务。

侦查委员会是独立的国家调查机关，既不归检察机关管辖，也不归司法部管辖。侦查委员会的组织体系分为侦查委员会中央机关、侦查委员会主体的侦查总局和侦查局及同级的专门侦查局和侦查处、各区或市侦查处和侦查科及同级的专门侦查部门。侦查委员会内部设立常务委员会，委员会的委员包括主席、第一副主席、副主席及其他委员，以上成员的构成均需经总统批准。其中，主席由总统直接任命和罢免，甚至无须经过议会批准，主席负责组织领导整个侦查委员会的工作，并定期向总统提交工作报告。第一副主席、副主席由主席提名，再经总统批准任命，主席缺席或无法履行职务时，副主席们依次递补。侦查委员会禁止追求政治目的或私自设立政治团体，故委员们不得是政党或其他政治团体的成员，也不得参与其他政治团体的活动，同时该机构也不受政党或政治团体的干涉，当然也不受其他机构或公民的干扰。侦查委员会侦查机关以及内部机构的设立、撤销和变更，均由侦查委员会主席依法进行[1]。

侦查委员会的委员们都是联邦国家工作人员，依照联邦法律及其他法规、规范性文件履行国家公务。且委员们都必须接受过国家认证的高等法学教育，具备高尚的道德品质与必备的职业品质，具有良好的身体素质与健康的心理素质，才能被批准担任侦查委员会的委员。特殊情况下也可以特殊批准不符合以上条件的公民，如正在接受高等法学教育的、没有挂科科目的、学时已过半的公民，可以担任区或市级的侦查处和侦查科及同级的专门侦查部门的侦查员。并且，规定中还设置了不得在侦查委员会服务的 10 种禁止情形及侦查委员会工作人员“委培”的模式。

此外，侦查委员会对其工作人员也有严格的管理方式。对于存在行政

---

[1] 黄道秀：《俄罗斯联邦侦查委员会法》，《国家检察官学院学报》2014 年第 3 期。

不作为、行政乱作为以及有损侦查委员会荣誉的行为，该委员会可对这些工作人员处以批评、警告、严重警告、降低专门职衔、剥夺侦查委员会奖章、剥夺“俄罗斯联邦侦查委员会荣誉工作人员”胸章、宣布不完全适合在侦查委员会服务、开除出侦查委员会等纪律处分。同时，如若工作人员涉嫌犯罪，被提起刑事诉讼的，将会在案件调查期间予以停职。而停职期间，这些工作人员会被依法保障人身安全，不允许除必要情况外的拘留、逮捕、拘传，以及对人身、物品与私人场所的搜查。并且，侦查委员会仍然会给其发放职务工资、专门职衔工资（军衔工资）和工龄工资的薪酬。

调查腐败犯罪的程序主要有调查前检查、调查、审判三步。第一步是调查前检查，在现阶段，实施调查前检查的任务，主要是确定犯罪构成的迹象，并根据检查结果决定是否提起刑事诉讼。第二步是调查，这是调查腐败犯罪案件的主要阶段。虽然对于审判而言，调查工作是辅助性的，但法院只有在有证据证明犯罪事实发生且确系犯罪嫌疑人所为时，才有权适用刑法宣告某人有罪。显然，调查是在为法院根据案情适当审查和解决刑事案件创造条件，而这一阶段的调查主要有初步调查和调查两种形式。在这一阶段，可以与证人面谈、进行检查、收集证据和提出指控，确定谁犯了罪，以什么方式造成什么损害，等等。最后一步是由法院进行审判，即如果案件证据收集齐全，并由有关机关提出指控，则将案件提交至法院，由法院决定被告是否犯罪。

在调查长期收受贿赂的犯罪时，调查的目的主要在于收集和审查证据，以便在审判时能够对犯罪的目的和动机、犯罪情况和有关人员作出的证言进行辩论。为此，调查机构可以采取包括讯问申诉人、当场拘留罪犯、对被拘留者进行个人搜查以及搜查他们的工作场所和住所、检查贿赂物品、讯问嫌疑人、检查和扣押文件、询问证人在内的诸多调查措施。

侦查委员会作为腐败犯罪的首要调查机关，为此，法律赋予了足够的调查权力。在空间范围上，侦查委员会可以进入任何机关及领域，如国家权力机关及地方自治机关、社会组织的场所及公民的私有领域，包括公民的住房、土地及其他不动产范围。且无论机关性质与所有制形式，侦查委员会有权获取为了调查案件而所需的各类文件、材料与资料，要求机关、机构、社会组织的领导人或其他工作人员提供必要的资料及辅助性文件，还可以聘请专家专门审查调查过程中可能会出现的各种专业问题，并限定特定的调查期限。如调查过程发现异常，也可以要求对应的机构及其负责人将对应的资料和材料进行审查，也同样可以聘请专家对文件进行专门审查，其间，可以听取机构及其负责人的陈述与申辩。在调查案件的过程中，如需要制止犯罪嫌疑人的违法行为或追捕犯罪嫌疑人的，侦查委员会可以进入任何领域，但前提是有足够的证据证明确实会在这些领域实施或正要实施犯罪行为，或确实属于隐匿场所。如 2016 年 11 月 15 日，根据侦查委员会发布的公告，俄罗斯经济发展部部长因受贿被逮捕。且据公告透露，该部长是在受贿时当场被逮捕❶，可见侦查委员会在调查时可以依法进入各种场所和领域。如果不按照侦查委员会的合理要求提供文件，不协助或者不配合侦查委员会的合法侦查，相关人员将会依照俄罗斯联邦相关立法承担责任。

自侦查委员会成立以来，侦查委员会调查人员就已经在 2011 年到 2019 年期间向法院递交审理刑事腐败案件超过 8 万起。据统计，自 2011 年以来，已有包括侦查委员会在内提交的超过 9 万起涉腐刑事案件移交给了法院❷。除此之外，高级官员还会定期向国家元首汇报腐败调查的工作成果❸。2020 年 7 月 9 日，哈巴罗夫斯克边疆区前行政长官被拘留，侦查委员会与联邦安全局联手调查，发现其是一起谋杀企业家未遂案与多起谋

❶ 《俄“乌柳卡耶夫涉嫌受贿案”或牵扯更多官员》，载中国新闻网，https：//www.chinanews.com.cn/gj/2016/11－18/8066931.shtml，访问日期：2016 年 11 月 18 日。

❷ 《俄罗斯侦查委员会今年涉腐案件立案数增加 4%》，载俄罗斯卫星通讯社，http：//sputniknews.cn/society/202012081032671765/，访问日期：2020 年 12 月 8 日。

❸ 《普京定期接受关于打击高级官员腐败的汇报》，载俄罗斯卫星通讯社，http：//sputniknews.cn/russia/202012091032682281/，访问日期：2020 年 12 月 9 日。

杀企业家案的组织者，并发现了其卷入组织谋杀两名企业家，甚至还企图杀害另一名商人❶。且侦查委员会声称，已经有“无可辩驳的证据”证明相关的犯罪事实。而后，他被法院指控实施了谋杀多人未遂、杀害多人既遂以及非法获取、持有、携带枪支的罪行，而这些罪行在他的官职掩盖下已过去了十几年，且大部分是出自个人私利，最终他将面临终身监禁的刑事制裁。

（二）联邦检察官办公室的反腐侦查职能

《反腐败法》在第5条第6款确定了联邦检察机关在打击反腐败活动中的主体地位，赋予其相应的法律地位，同时也揭示了联邦检察机关的重要作用及意义。《联邦检察机关法》则依据宪法规定，赋予检察机关职能以国家的名义实施监督权力机关遵守宪法和执行法律的情况。

联邦检察官办公室（Office of Public Prosecutor of the Russian Federation）共包含了联邦总检察官办公室、联邦各地区、市的检察院、专门的检察官办公室、首席军事检察官办公室以及科学和教育机构。其中，根据《联合国反腐败公约》的相关规定，联邦总检察官办公室还设立了监督反腐败立法执行的专门机构，称特别反腐败机构（或SACU），其任命人选都必须具备专业的法学知识、至少五年的检察工作经历以及声誉没有瑕疵，而后由总检察长通过法令予以任命。联邦检察体系的管理机制是相对独立的，目的是采用综合方式严厉打击犯罪，并不受外力干扰❷。

仅2019年上半年，检察官办公室就已经查处涉及国家机构的腐败案件超2.3万起，而在2018年一整年里也只查处了2.9万起。据东方经济论坛首次开通的总检察官办公室互动对话平台上发布的文件统计，2017年共查处国家和市政机构腐败案28378起，2018年共查处28956起，2019年前6

---

❶ 《俄侦委：已对富尔加尔提出最终指控他或面临终身监禁》，载俄罗斯卫星通讯社，http：//sputniknews. cn/russia/202102031033023888/，访问日期：2021年2月3日。

❷ 《联邦检察官办公室》，载俄罗斯联邦总检察长办公室官网，https：//epp. genproc. gov. ru/web/eng_gprf/combating－corruption，访问日期：2022年11月28日。

个月共查处23760起。此外，检察官办公室还对为执行联邦国家机构任务而建立的组织的腐败情况进行了统计。数据显示，2017年共查处腐败案件2263起，2018年2372起，2019年前6个月1152起[1]。俄地方检察官办公室从2016年起至今都在调查雅库特北极国立农业技术大学校长舞弊案[2]，调查结果显示，联邦国立高等教育机构“北极国立农业技术大学”涉嫌从联邦预算中非法套取资金超2.5亿卢布，用于教学预算内136名不存在的大学生，且自2020年起该项目便开始由优先国家计划提供资金。检察官办公室解释称，“实际上，享受优先国家计划资金的学生并没有入校，也没有在那里学习，联邦的预算拨款实际上被用于其他目的”。联邦检察官办公室现已根据“团体预谋利用官职实施舞弊行为，且金额特大”条款对该事件进行了刑事立案，而身为议员的校长则被控“滥用职权”。而在随后，由于这些案件涉及事项存在重叠和交叉，最终被并案处置。

（三）联邦政府内部反腐机构的行政调查

普京早在2007年就要求各大联邦以及地方政府成立内部反腐部门，在既定权限范围内，制定有效的公共政策打击腐败，探寻能够解决腐败问题的手段和条件。

俄罗斯联邦内务部经济安全和反贪总局（General Directorate of Economic Security and Anti－Corruption，Ministry of Internal Affairs，Russian Federation）是俄罗斯联邦内务部中央机构的一个独立结构单位，负责在其职权范围内确保经济安全、打击经济和腐败犯罪，包括由有组织犯罪集团、跨国或区域间犯罪集团（犯罪组织）实施的，或引起公众强烈反响的案件。其对内确定俄罗斯联邦内务机构的业务单位在打击犯罪领域的其他行动，协调调查行动者进行工作，查明、总结并传播国内国外在打击以经济

---

[1] 《今年上半年俄查处国家机构腐败违法案2.3万件占去年全年的82%》，载俄罗斯卫星通讯社，http：//sputniknews.cn/society/201909061029494801/，访问日期：2019年9月6日。

[2] 《俄雅库特北极国立农业技术大学校长因舞弊案被拘留》，载俄罗斯卫星通讯社，http：//sputniknews.cn/politics/202011261032604057/，访问日期：2020年11月26日。

和腐败为重点的犯罪方面的最佳方案；对外负责在民选当局、联邦行政机构、俄罗斯联邦各实体当局、非国家经济部门管理、国有企业、预算外基金和公共组织中开展反腐败活动，打击针对国家和市政财产实施的犯罪。与经济安全单位一道开展行动和调查活动，以查明、预防、制止和破获经济和腐败犯罪。与俄罗斯内务部领导当局合作，打击经济和腐败犯罪。内务部经济安全和反贪总局在俄罗斯联邦总统和俄罗斯联邦政府的指示范围内执行反腐工作任务，并协助俄罗斯联邦会计分庭和俄罗斯联邦总统监督办公室，在经济安全和反腐败领域内组织和开展金融和经济文件研究，以查明、制止和揭露严重和特别严重的经济和腐败犯罪。

内务部经济安全与反贪总局全面开展行动和调查活动的程序，主要包括核查、开展调查、记录分析、处理四个步骤。首先，核查是指对收到的申诉和其他关于经济和腐败犯罪准备、实施的资料进行审核和查验。其次，开展调查是指内务部经济安全与反贪总局在职权范围内根据俄罗斯联邦总统令和俄罗斯内务部条例确定的方式，按照行动要求开展调查活动，核实收入、财产和财产义务的可靠性和完整性，组织和参与侦查、预防、制止和破获严重和特别严重的经济和腐败罪行，并查明准备、实施或已经犯下这些罪行的人，消弭助长经济和腐败犯罪的原因和条件。再次，记录经济和腐败犯罪，分析内务机构就总局活动采取的措施的有效性，评估经济安全单位的影响，通过总局的活动向经济安全单位提供实际援助。最后，依据调查结果和分析记录的具体情况，追究腐败人员的责任。

据统计，仅在2019年，内务部经济安全与反贪总局共对内务机关员工提交的收入、财产、财产义务等信息的准确性和完整性进行了11906次检查。根据最终调查结果，有6309名员工受到纪律处分，其中40人被内部事务机构解雇；对费用信息进行了361次检查，其中69名员工因检查结果而受到纪律处分。并且，内务部经济安全与反贪总局对员工是否遵守既定限制和禁令以及是否满足预防或解决利益冲突的要求进行了1318次检查，597名员工因未能满足这些要求而受到纪律处分，其中213人被内部事务机构解雇。在这一年中，共有704名员工因犯有腐败罪、违法行为、不遵守公务行为要求和解决利益冲突的要求而被内务机构解雇，其中174名是到期失去信任。这种在服务集体中营造反腐败氛围的做法，产生了积极的结果。

联邦安全局（Federal Security Service）是负责俄罗斯联邦国内的反间谍工作，打击大规模犯罪活动、恐怖活动、走私活动等违法犯罪活动的联邦机构，其主要职能之一是与联邦行政部门合作，制定措施打击其权力范围内的腐败行为。此前，为了组织并执行国家反腐败工作，俄罗斯联邦安全局还曾与联邦毒品管制局合作，采取相关措施重组部门结构，优化反腐败工作单位的活动。2022年11月14日，为了更好地开展反腐工作，联邦安全局还授予其员工额外的权力，用以获取各个组织和机构的信息，以避免加密信息的限制而无法顺利开展工作，该项权力的授予也符合俄罗斯2021—2024年的国家反腐败计划[1]。但联邦安全局自身的腐败系数就很高，常牺牲其他机构的利益，去增强自己的政治势力与经济实力。曾有案例称，联邦安全局去逮捕俄罗斯反腐部门的副局长时，从其家中搜出90亿卢布的财产，但赃款数额与副局长的口供仍旧对不上，最终发现是联邦安全局的工作人员私藏了部分赃款。

俄罗斯联邦海关总署（Russian Federal Customs Service）是俄罗斯联邦贸易委员会设立的一个特别反腐败办公室，主要负责开展打击腐败和确保海关当局自身安全的行动和搜查活动，查明、防止和制止海关官员和其他诱使海关官员犯下这些罪行、损害俄罗斯联邦经济利益和经济安全的腐败行为以及其他危害公共服务利益的罪行。

俄罗斯紧急情况部还设有领土委员会（Territorial Council），以防止和制止腐败并消除企业发展过程中不必要的行政障碍，以确保俄罗斯紧急情

[1] Federal Security Service of Russia Seeks Powers to Obtain Information From Crypto Platforms，载Bitconin. com，https：//news. bitcoin. com/federal – security – service – of – russia – seeks – powers – to – obtain – information – from – crypto – platforms/#：～：text = Russia，访问日期：2022年11月14日。

况部内部结构和外部环境中的腐败能够被精准打击。

此外，其他联邦部门和机构还可以根据俄罗斯总统的决定设立反腐败协调机构，以执行国家反腐败政策。这些机构在收集到关于腐败犯罪的数据时，还应根据2010年7月1日第821号“关于联邦公务员业绩和解决冲突委员会”总统令的规定，将相关数据提交有关国家当局审核，并且这些机构也有权核实这些数据，在审查后，以法定程序做出处理决定。

四、俄罗斯反腐败调查机制评析

苏联解体已近30年，俄罗斯作为其主要继承者，经历了多次政治制度和社会制度的重建。自2008年俄罗斯《联邦反腐败法》颁布以来，各种法律相继出台，组织并开展了多轮反腐运动，但最终被戏称为“俄式反腐，越反越腐”。作为世界大国，腐败问题一直是俄罗斯国家治理的痛点，也是世人关注的焦点。

近年来，严重的腐败问题已经开始影响俄罗斯的现代化战略，成为俄罗斯挥之不去的“政治之癌”。俄罗斯历届领导人都十分重视反腐败工作，并尝试根据俄罗斯国内实际反腐败情况，构建具有俄罗斯特点的反腐败机制。这一举动虽然在某种程度上取得了一定的成效，但总体作用不大，反腐败机制急需进一步健全和完善。

（一）反腐败调查体制行政性比较突出

俄罗斯的反腐调查机制集中于行政领域。从现有的反腐败调查机构来看，联邦侦查委员会脱离了检察体系的领导与管理后，由总统直接统筹管辖，且其重要官员的任命都必须经由总统批准，这就使其具备了浓厚的行政的色彩。俄罗斯联邦内部设立了若干反腐机构，占据了反腐败机构的大多数。俄罗斯联邦内务部经济安全和反贪总局作为俄罗斯联邦内务部中央机构的一个独立单位，负责在其职权范围内确保经济安全、打击经济和腐败犯罪。俄罗斯联邦安全局的主要职能是制定措施，并与联邦行政部门合作，打击其权力范围内的腐败行为。俄罗斯联邦海关总署是俄罗斯联邦贸易委员会设立的一个特别反腐败办公室，俄罗斯紧急情况部下设领土委员会，俄罗斯联邦会计分庭在其权力范围内开展反腐败活动，等等。联邦检察官办公室也会协调行政反腐机构的反腐行动，虽然其调查权已经转移给侦查委员会，但仍保留了部分反腐工作内容，联邦检察官办公室和联邦侦查委员会仍有职权与任务上的交接。所以，从总体上来看，俄罗斯虽有诸多反腐败调查机构，但大部分是行政领域的反腐机构，由总统或者联邦政府任命产生，并定期向总统或者联邦政府汇报工作，对其负责。而恰是行政主导性的反腐机制，暴露了俄罗斯反腐机制的不全面，无法建立起立法、司法领域的反腐机制，使得其他领域的腐败行为没有相对应的专门机构进行打击。从另一层面上看，这也使得行政部门的权力过大或地位过高，如若内部没有良好的廉政规制系统，反腐败机构自身反而会愈加腐败。

（二）反腐败调查机构缺乏独立性

承接上述反腐调查机制的行政主导性，俄罗斯的反腐调查机构也不具备反腐应当具备的独立性。譬如联邦检察官办公室和联邦侦查委员会之间的权责纠葛，即便已经确定了侦查委员会由总统直接领导，但二者之间的联系不可能简单地一刀切，仍存在需要对接的工作任务与职权上的重叠，导致侦查委员会仍受检察官办公室的部分领导，并不具备完全独立性。且这两个机构共同行使打击腐败犯罪的职能，都无法摆脱对行政的依附，以至于最终反腐败效果大打折扣。其余的联邦内部反腐机构，也正如名字所示，受到联邦的监督与领导，虽说具备相对的独立性，但很大程度上受到总统与联邦政府的制约，加之俄罗斯的内部廉政机制一直未能完善，导致官场腐败的情况无法受本就不独立的反腐败机构的控制，反而反腐机构也陷入其中。行政机关这种通过在机构内部设立相关部门展开反腐败斗争，

“自己监督自己”的模式属于典型的同体监督，并且由于行政机关内部并不存在具体可行的制度加以约束，最终使得反腐败斗争收效甚微。此外，在立法、司法、行政三者的权力架构中，行政权力过于膨胀，也限制了立法和司法机关的独立性，形成恶性循环。

（三）反腐败调查机构自身腐败较为严重

反腐败调查机构身负打击腐败违法犯罪活动的重任，自身如贪图利益、谋取私权的话，显然是在搬起石头砸自己的脚，这也是俄罗斯腐败严重的原因之一。普京总统曾呼吁作为现行执法系统核心的俄罗斯检察官办公室要领导反腐败斗争，并用合理合法的方式以防止滥用调查权，但很多俄罗斯民众已经不相信检察官办公室，并认为检察官自己就是一个腐败问题[1]。反腐败活动家阿列克谢·纳瓦尔尼曾在纪录片中尖刻抨击检察官办公室主任，他与他的反腐团队进行调查，发现该主任及其儿子们已经建立了庞大的商业帝国，而这离不开该主任滥用职权、提供包庇圈、从国家拍卖中抽取利益等腐败行为以支持儿子的邪恶商业的行为。然而，以上指控都没有办法引起对该主任及检察官办公室的腐败调查，他仍然掌握着检察官的实权[2]。2016 年，联邦侦查委员会分部副主任及其三名上司因涉嫌腐败一起被捕，他的上司因从一名犯罪头目处收受贿赂，于 2018 年被判处 13 年有期徒刑[3]。2018 年，联邦侦查委员会经济犯罪部门的上校因收受贿

[1] Russian Corruption：The Kremlin Fails to Tackle Its Biggest Problem，载 Wilson Center，https：//www. wilsoncenter. org/article/russian – corruption – the – kremlin – fails – to – tackle – its – biggest – problem，访问日期：2016 年 5 月 11 日。

[2] The luxury hotel，the family of the top Moscow prosecutor and Russia's most notorious gang，载 theguardian，https：//www. theguardian. com/world/2015/dec/13/alexei – navalny – yuri – chaika，访问日期：2015 年 12 月 13 日。

[3] Top Russian Investigator Jailed in Explosive Mafia Bribe Case，载 themoscowtimes，https：//www. themoscowtimes. com/2018/07/26/top – russian – investigator – jailed – explosive – mafia – bribe – case – a62358，访问日期：2018 年 7 月 26 日。

赂15万美元被当场拘留[1]。由此可见，反腐败调查机构自身的腐败都较为严峻，被调查定罪的案件有很多，没有被发现和被追究的案件也有很多。反腐败机构自身的廉政建设与腐败整治，更是推进反腐败工作的重中之重。

（四）反腐败调查整体效果并不如意

《国家反腐败计划》是一份由俄罗斯总统批准的、为期两年的、旨在打击和预防腐败的方案性文件，该计划于2008年7月31日由俄罗斯总统梅德韦杰夫首次批准，并在2008年、2010年、2012年、2014年、2016年、2018年、2021年分别发布。俄罗斯国家反腐败计划每两年发布一次，看似严惩反腐行为，且配套实施了许多政策与措施，但仍然无法弥补立法缺陷，导致俄罗斯无法建立起有效的反腐败部门。因此，即便俄罗斯当局貌似采取了许多反腐措施，反腐败调查机构的打击活动十分严格，但俄罗斯的腐败情况仍然恶劣。联邦检察官办公室甚至声称，俄罗斯军队的腐败数额在2018年翻了两番。2022年5月，俄罗斯“舍赫拉查德”号被意大利扣押，尽管经意大利财政部门核实后，这艘游艇属于一名英国人，但种种迹象都表明游艇的所有者与俄罗斯高级官员存在密切的经济联系，俄罗斯反对派领袖更是直接确定了这一点。这艘巨型游艇的华丽程度可以直接呈现出俄罗斯阶级腐败的严重程度，游泳池、健身房、娱乐场、水疗中心、电影院、直升机停机坪等应有尽有[2]，针对俄总统的舆论也因此喋喋不休。

俄罗斯认为打击腐败必须通过一种系统的方法，不仅需要能够实际控制和惩罚腐败，而且还需要能够预防腐败。预防腐败的措施包括：公

[1] Russian Investigative Committee Officer Detained On Bribery Charge，载RFERL，https：//www.rferl.org/a/russian-investigative-committee-officer-detained-on-bribery-charge/29662535.html，访问日期：2018年12月18日。

[2] 《意大利扣押俄罗斯富豪5.8亿美元豪华游艇》，载央视网，https：//news.cctv.com/2022/03/13/ARTITu1pSD8NXsDEoE2XL4fY220313.shtml，访问日期：2022年3月13日。

开政务信息，向社会传达反腐的必要性，提高政府机构的透明度，增强媒体的独立性，提高公务员的社会安全水平，简化官僚程序并将其数字化。然而，在腐败泛滥的情况下，首要的任务是建立一套行之有效的调查、处置制度，同时展开反腐败预防工作。俄罗斯现行反腐败体制侧重于预防，导致反腐败调查制度建设进度缓慢，无法逆转目前国内严峻的腐败现状。根据《反腐败法》规定，“民间社会机构”需要在打击与调查腐败方面发挥积极作用，随后，俄罗斯迅速产生了一系列民间机构，如俄罗斯公共商会“停止腐败”热线、区域间公共组织“公共反腐败委员会”、国家反腐败委员会公共组织、区域间公共组织“政府反腐败中心”等，但根据俄罗斯腐败犯罪现状来看，民间反腐力量产生的影响实际上非常小。

苏联解体后，俄罗斯继承了绝大多数军事力量，军工实力日益彰显，现今综合军事实力排名世界第二，航空航天技术居世界前列，还有世界上最大的核武器库。在当今的国际形势下，俄罗斯也是具有较大影响力的强国。然而，俄罗斯仍存在较大的腐败问题。近期的俄乌冲突在显示俄罗斯保障国内安全决心的同时，也暴露了一直以来严重的军事腐败问题。

俄罗斯的反腐机制是行政主导型，由总统或联邦政府统筹领导，反腐机构需向总统或联邦政府定期报告工作，任命的重要高级官员需要对其负责、受其监督。腐败犯罪的披露和调查，主要由俄罗斯联邦侦查委员会、联邦内务部和联邦安全局、联邦检察官办公室负责。一般情况下，联邦检察官办公室与俄罗斯联邦内务部经济安全和反贪总局一同负责打击普通腐败行为，打击职权范围内的腐败，并由检察官负责提起刑事诉讼。面临重大复杂的案例，由联邦侦查委员会专门负责侦查调查，联邦安全局也会与侦查委员会进行合作，共同打击腐败行为。此外，还有其他反腐机构如联邦海关总署、领土委员会、联邦会计分庭等负责针对性领域的调查工作。然而，俄罗斯的腐败问题已然根深蒂固，在国家高级官员的腐败行为已是常态时，本身就深陷腐败的反腐调查机构所实施的反腐败调查工作必然也是有限的，且无法深入与触及腐败产生的根源，这也揭示了俄罗斯当局反腐工作的艰难。俄罗斯的反腐之路，必然需要重新整顿反腐机构，构建完善的法律规定，建立清廉的法制队伍，只有这样，反腐工作才有机会真正进行。

第五章　英国的反腐败调查机制

英国全名大不列颠及北爱尔兰联合王国，是一个位于欧洲西北部的发达资本主义国家，由英格兰、苏格兰、北爱尔兰和威尔士四部分及一些小岛组成。英国是具有高度影响力的大国，世界第五大经济体，也是世界十大制造业国家之一，在生命科学、信息技术和创新工业方面处于欧洲领先地位。

与此同时，作为最早步入工业化的国家，英国也是现代国家在反腐败治理方面的代表，但这不影响腐败在英国扎根深化，固有的腐败顽疾不时爆发，腐败丑闻也依旧存在。例如2023年年初，英国某内阁大臣就被首相解除其内阁大臣与保守党主席的职务，因为相关调查结果显示其明显违反了内阁大臣的行为准则，之前在担任民意调查公司创始人时就没有向政府缴纳应缴税款，后在担任财政大臣期间依旧逃避申报税务的义务，屡屡遭受税务机关的调查❶。英国的腐败问题作为英国社会进步的重大阻碍之一，受到国内政治、经济、文化等各项因素共同影响，势必需要因时制定相应的反腐败措施。

一、英国的反腐历程与腐败问题

在多年的治理下，英国的腐败得到了较大程度的遏制，清廉指数长期名列世界前茅（见表5－1）。但不可否认的是，西式民主政治下的制度性缺陷不可避免地导致了英国无法根除腐败现象，资产阶级民主政治下的痼

❶ 《英国内阁大臣扎哈维因违反行为准则遭解职》，载光明网，https：//m.gmw.cn/baijia/2023－01/30/1303266621.html，访问日期：2023年1月30日。

疾和新型的腐败也在此基础上不断交织、演进。

表 5-1　英国 2016—2021 六年间在“国家清廉指数”的排名

年份	清廉指数	国际排名
2016	81	10
2017	82	8
2018	80	11
2019	77	12
2020	77	11
2021	78	11

在英国，人人都有信仰宗教的自由，且英国最主要的宗教信仰是新教。新教认为凭借信心即可得救，这种平等的宗教思想赋予了信徒敌视特权的思想。然而，英国社会同时又存在着明显的等级区别，贵族等级制在英国仍然有重要的作用，与宗教文化产生了冲突，也为腐败的存在创造了条件。

18 世纪的工业革命把英国变成一个工业强国，同时也让它遭受了严重泛滥的政治腐败。腐化的议会制度掌控整个国家，直接导致选举腐败、内阁腐败和官吏腐败等现象盛行。资产阶级不得不委身于“旧制度”来获取利益，间接地导致“旧制度”在工业时代利用新财富孳生了越来越多的腐败，而工人阶级在肆无忌惮的腐败剥削下愈加贫穷，使得他们对英国严重的政治腐败日益不满，社会矛盾日益激化。

从 18 世纪 60 年代开始，城市中产阶级率先发起了要求议会和政府进行体制改革的社会运动。此后多次的社会运动，对政府当局形成了巨大的社会压力，政府当局亦逐渐与社会各力量达成改革共识。为彻底改变“旧腐败”，英国选择了以核心制度改革为突破口，开始了一系列议会改革，并在此基础上建立了真正的责任内阁制，紧接着就推动了文官选拔、录用等技术性制度的变革，在管理上引入公平竞争机制，减少腐败共谋的机会。同时，英国政府还在积极制定防腐治腐法律，保障其在制度改革的基础上得以有效实施。

腐败治理是一个庞大复杂的系统工程。经过一个多世纪的努力，英国逐步建立起一套成熟的预防和惩治腐败的制度，有效地遏制了腐败，国家结构也逐渐理性化。在制度改革、司法和审计制度建立、腐败治理以及社会力量监督的影响下，英国的“旧腐败”在20世纪初基本绝迹。

如今，英国的腐败问题具体体现在以下领域：

在立法、行政领域中，英国议会作为英国权力的核心，同时也是监督行政权的重要力量，领导着包括议会监察专员（Ombudsman）在内的反腐调查力量。毋庸置疑，议会的反腐败涉及面最广，对国家生活影响最大，甚至直接影响着反腐败各个环节，但议会自身却存在腐败现象。议会的腐败主要体现在三方面：一是利用财务管理的漏洞大肆敛财。在被学者称为“一百年来英国政治史上最腐败的事件”的“报销门”中，议员们违规报销私人单据的行为被《泰晤士报》和《每日电讯报》不断曝光出来，虽然报销金额微乎其微，几乎都是日常生活用品的开销，但还是引起英国民众的愤慨❶。二是大肆进行权力寻租谋取私利。游说业在英国的兴起成为权力寻租的缩影，游说集团与权力机关之间的关系仿佛推动了“合法贿赂”。大批首相和议员们离开国会后，从事游说业的概率极高，如某前首相卸任后，在两年后便多次代表受聘公司游说政府，利用其原来的政治身份可以很容易接触到高级官员，从而达到以权谋利的效果❷。三是徇私舞弊以进行“政党分肥”。在2019年的议会选举中，执政党保守党私下联系脱欧党竞选候选人，许诺高级官员工作岗位或贵族爵位提名机会，以换取后者放弃竞选。大伦敦警察局（Metropolitan Police Service）对此案进行了调查，但最终调查结果却不了了之，保守党仍然取得了大选的胜利并最终推进了

---

❶ 《各国重大腐败案件系列之四：英国“报销门”事件》，载中央纪委国家监委网站，https://www.ccdi.gov.cn/special/hwfb/gwfbal_hwfb/201405/t20140526_23442.html，访问日期：2014年2月28日。

❷ 《卡梅伦丑闻：游说已成为“公开的腐败”》，载海外网，https://www.360kuai.com/pc/9a76beffaeac9ff05?cota=3&kuai_so=1&tj_url=so_vip&sign=360_57c3bbd1&refer_scene=so_1，访问日期：2021年4月16日。

"脱欧"的进程[1]。

在司法领域中，透明国际英国分会曾在网页上列出英国腐败的高发领域，分别是监狱、有组织犯罪、"旋转门"和体育。其中，监狱、有组织犯罪领域都属于司法腐败的范畴，其蔓延态势可见一斑。国家罪案署（National Crime Agency，NCA）在《2018 年国家严重和有组织犯罪战略评估》中也曾指出："在英国的某些领域，比如，边境移民，执法和监狱，面临着高度的腐败威胁……情报作为一种重要的资源，被执法人员中的'告密者'泄露并为犯罪组织用于对抗执法行动。"[2]

在社会领域中，不同的社会形态产生不同的腐败。英国作为传统发达国家，其腐败形式也呈现出其独有的特点。除去传统的行政、司法领域的腐败以外，国家生活的其他领域也不断衍生出各式各样的腐败犯罪。一是医疗卫生方面的腐败。作为世界上最为完善的医保制度之一，英国国民保健制度是英国福利制度的重要象征。但与此同时，体量巨大、疏于监管等因素和该领域极强的隐蔽性、专业性使得福利制度的腐败不断蔓延。医疗产品与服务采购方面的腐败问题也很大。这两方面的欺诈行为可能导致每年的财政多支出 2 亿英镑[3]。二是新闻媒体方面的腐败。新闻媒体作为"第五权"在发达国家的政治生活中占据重要地位。在相当长的一段时间里，新闻媒体还曾在反腐败调查中扮演过推动调查开展、反映民众诉求等角色，但因其内在的逐利商业逻辑，最终沦为腐败的一环。

在金融领域，发达的金融业为洗钱这一腐败犯罪链的下游犯罪提供了可乘之机，在衍生出一系列跨国犯罪的同时，也成为英国开展反腐败调查和追逃追赃的阻碍之一。国家罪案署和国家经济犯罪中心（NECC）2019 年 7 月发布的《公私经济犯罪威胁关键判断》报告指出：考虑到英国的金

---

[1] 《英国警方调查议会选举舞弊指认》，载新华网，http：//www. xinhuanet. com/world/2019 - 11/18/c_1210357562. htm，访问日期：2019 年 11 月 18 日。

[2] National Strategic Assessment of Serious and Organised Crime 2018，载 NCA 网站，https：//www. nationalcrimeagency. gov. uk/who - we - are/our - mission，访问日期：2022 年 11 月 5 日。

[3] 《纳税人"骗医保"致英国财政损失十多亿英镑》，载新华网，http：//www. xinhuanet. com/world/2017 - 11/03/c_129731503. htm，访问日期：2017 年 11 月 2 日。

融交易数量，英国洗钱规模可能达到数亿英镑，罪犯甚至建立起许多洗钱组织，滥用英国和离岸公司结构来洗白和隐瞒他们的非法资金。此外，社交媒体平台越来越多地被犯罪分子用来招募越境洗钱者，学生和学龄的儿童被吸引到这项活动中，对具有会计和法律技能的人的犯罪利用也构成了重大的洗钱威胁。从事犯罪活动的货币服务业务正在不断调整和发展其经营方法，以避免被发现。金融技术、支付服务提供商、挑战性银行和加密资产的存在，在便利了金融交易活动的同时，也变相地提高了洗钱犯罪发生的风险。

二、英国的反腐败法律依据

英国政府总体上有效地建立了反腐败法律框架。英国管理贿赂和腐败的主要立法是2010年获得批准的《反贿赂法》（*the Bribery Act*），该法于2011年7月1日生效。《公务员法》禁止公务员接受损害其个人判断力或诚信的礼物或款待。《犯罪所得法》（*the Proceeds of Crime Act*，POCA）允许当局没收犯罪收益，包括腐败犯罪。英国相关的立法还包括《欺诈法》（*the Fraud Act*）和《洗钱条例》，它们适用于许多商业领域，包括金融和信贷企业、会计师和房地产经纪人。举报人受到《公共利益披露法》的保护，该法涵盖公共和私营部门的雇员。此外，英国还是经合组织《反贿赂公约》、欧洲委员会《反腐败民法公约》以及联合国《反腐败公约》的签署国，也是欧洲委员会反腐败国家集团的成员。

英国反腐败法律受到经济、政治、文化、社会等多种因素的影响，具有自己的独特之处，主要表现在：英国反腐败法律条文的制定具体对应着反腐败机构的专门设立以及后续的实施措施，具有明确的针对性与实用性，并且具有英美法系较为分散的特点。例如英国的反腐败法律是随着社会发展的需要不断修订完善的，为此需要适时地修订《反贿赂法》，将其打击范围逐步扩大，以增强其惩治力度。同时，从20世纪80年代开始，随着媒体的壮大发展以及对公共生活领域腐败事件的曝光，英国的反腐败法律也越来越健全，逐渐呈现出如下特点：哪个领域出现了腐败行为，就有针对性地及时制定相应的法律，法律条文的可操作性强且针对性鲜明，并会在必要时设定专门的机构或直接由相关机构予以处理。如随着计算机的普及，有人会在上班时间干一些与工作无关的事，为了制止这一不良现象以便充分合理地使用公共计算机财产，英国就制定了《计算机使用权限法》，公私分明向来就是英国人日常生活中的一条准则。又如发现议员在议会上就药品问题提问而暗中收受药品公司的回扣，加上民众对英国官员行为标准的担忧日益加重，梅杰首相便于 1994 年 10 月 25 日宣布成立英国公共生活标准委员会，聘任资深的大法官诺兰作为其第一任主席，以规范英国公共生活标准，消除官员腐败空间。该委员会还提出了公共生活的七条准则，经不断修改，最终在 2015 年时将其表述为：无私、正直、客观、负责、公开、诚实与引领作用。

（一）《反贿赂法》

《反贿赂法》是英国议会于 2010 年通过的一项法案，也是目前英国打击腐败最直接的法律。这部法案经过了几十年的研究与报告，废止了之前所有与贿赂相关的规定，如《公共机构反腐败法》《防止腐败法》等，并在前者的基础上重新规定了新的腐败犯罪体系。该法第 1 至第 5 节规定了“一般贿赂罪”，具体包括贿赂罪与受贿罪的概述、“相关职能或活动”的要素解释、“不当”执行的形式、决定预期结果的标准，对一般情形的贿赂及其构成要素进行了详细描述。第 6 节规定了“贿赂外国公职人员”，包括贿赂的构成要件、外国公职人员的定义、“通过第三方”的方式，打击了在国外的腐败行为。第 7 节规定了“商业组织未能防止贿赂”，适用于英国所有开展业务的商业组织及其工作人员。其余条款还包括相关的起诉、处罚、管辖以及其他规定。

这部法律被称为“世界上最严厉的反腐败立法”，甚至高于美国《反海外腐败法》的标准[1]。2021 年，派特法（Petrofac）集团被二次适用《反贿赂法》。该集团的前高管通过行贿的方式使得集团在伊拉克、阿拉伯联合酋长国以及沙特阿拉伯获得了高达26 亿英镑的天然气和石油合同，并多次通过代理人系统贿赂官员赢得更大利润的合同[2]。

（二）《犯罪所得法》

《犯罪所得法》是2002 年英国议会通过的一项法案，规定了对犯罪所得的追回、没收与民事追偿，包括非法获得的资金、财产和资产，以及对犯罪的调查，于2003 年3 月24 日生效，但它也可以适用在该日期之前犯下的《犯罪所得法》所涉及的罪行。

《犯罪所得法》的诉讼程序必须在以下情况下启动：（1）被告在刑事法院的诉讼中被定罪，或者被告的案件被提交给刑事法院进行判决；（2）检察机关要求法院启动《犯罪所得法》的程序，或法院认为启动《犯罪所得法》程序是适当的。而当检察机关要求法院启动《犯罪所得法》的程序时，此时的没收程序是强制性的，即必须予以进行，且普通的治安法院无权下达没收令，只能由刑事法院下达。[3] 腐败犯罪的非法所得也依据该部法律予以适用。

（三）《欺诈法》

《欺诈法》是2006 年英国议会颁布的一项法案，适用于英格兰、威尔士和北爱尔兰，于2006 年11 月8 日获得批准，并于2007 年1 月15 日生

---

[1] UK the Bribery Act typical cases，载维基百科，https：//en. wikipedia. org/wiki/Bribery_Act_2010，访问日期：2022 年11 月30 日。

[2] Bribery Act Section 7：Petrofac Pay £ 77 Million to Serious Fraud Office，载EM law，https：//emlaw. co. uk/bribery - act - section - 7 - petrofac - pay - fine/，访问日期：2021 年12 月5 日。

[3] The Proceeds of Crime Act Explained，载STPAILS，https：//www. stpaulschambers. com/the - proceeds - of - crime - act - explained/，访问日期：2020 年11 月2 日。

效[1]。《欺诈法》包含了以下内容：欺诈罪；通过虚假陈述的欺诈行为；未披露信息的欺诈行为；通过滥用职权的欺诈行为；“收益”和“损失”的具体定义；拥有用于欺诈行为的物品等；制造或提供用于欺诈的物品；“物品”的定义；参与独资企业等开展的欺诈性业务；参与公司等进行的欺诈性业务；以不诚实的方式获取服务；公司工作人员对公司犯罪的责任；证据；相应的修改；开始形式和具体范围等等[2]。该部法律对各类欺诈行为作出具体的规定，对相应的法律后果也进行了明确的规制，腐败行为涉及的欺诈行为也适用该部法律的规定。

三、英国的反腐败调查机制

英国没有专门的反腐败调查机构，而是分散于立法、司法、行政领域内，形成了广泛的反腐败网络。议会没有常设反腐败调查机构，但有权组织专门机构对政府机关进行调查。反严重欺诈办公室（Serious Fraud Office，简称 SFO）、各警察机构是司法系统具有反腐败调查职权的机构，行政系统则主要设立一些内部监督调查部门。为了完善反腐败调查机制，英国还设立了监察专员制度，设立于各个机构内予以监督调查。

（一）反严重欺诈办公室的反腐侦查职能

反严重欺诈办公室是英国刑事司法系统的一部分，根据 1987 年《刑事司法法》创建，于 1988 年成立。反严重欺诈办公室隶属于总检察长，对英格兰和威尔士总检察长负责，范围涵盖英格兰、威尔士和北爱尔兰，但不包括苏格兰、马恩岛和海峡群岛。

在案件管辖方面，反严重欺诈办公室自称是一个专门的起诉机构，主

[1] Fraud Act 2006，载 CPS，https：//www. cps. gov. uk/legal - guidance/fraud - act - 2006，访问日期：2020 年 7 月 16 日。

[2] Fraud Act 2006，载英国政府立法网，https：//www. legislation. gov. uk/ukpga/2006/35/contents，访问日期：2023 年 1 月 12 日。

要负责调查和起诉重大、高层、复杂的欺诈、贿赂和腐败案，且是负责这些案件的牵头机构。同时，反严重欺诈办公室还负责追赃工作，并协助海外司法管辖区调查严重而复杂的欺诈、贿赂和腐败案件。是否达到反严重欺诈办公室的案件标准主要是看案件是否足够严重，1987 年《刑事司法法》规定的重大欺诈案件的立案数额是 100 万英镑，随着英国几十年来经济的发展，这个数额标准显然加大了反严重欺诈办公室的调查负担。为此，目前的反严重欺诈办公室局长在决定是否立案时，会考虑以下几个因素：是否危害到英国尤其是伦敦市经济方面的利益、是否存在较大的现实或潜在损失、是否存在严重的现实或潜在经济危害、是否涉及重大公共利益、是否属于新型欺诈种类。

在调查程序方面，具体分为以下两个阶段：一是情报收集阶段，或称“调查前”阶段。反严重欺诈办公室内有一个由情报工作人员、律师、经认可的金融情报官员、分析员和调查人员组成的情报股小组，这个小组负责对从举报人、受害者、公司及其竞争者、其他公权力机关、媒体等各种途径收集到的可能关于犯罪活动的信息进行分析，并评估此项活动成为刑事调查对象的可能性。情报股还需要开展自己的研究，并积极搜集信息去验证相关事实的相关内容。该股根据 1987 年《刑事司法法》第 2A 条拥有独特的调查前权力，用于帮助确定在可能发生贿赂和腐败的情况下是否展开调查，而后转送到反严重欺诈办公室主任处，主任认为有合理理由怀疑存在严重或复杂的欺诈行为时，则可开展刑事调查。二是调查和起诉阶段。反严重欺诈办公室的调查人员正式开展的调查工作，有别于警察调查时直接将证据交给英国皇家检控署以决定是否起诉的传统，反严重欺诈办公室的调查人员自始至终都保持强有力的调查，确保调查路线可直接揭露犯罪活动并最终在法庭上呈现证据。

在反严重欺诈办公室的调查中，如果取得足够证据证明相关犯罪活动且该局认为符合公众利益，则会直接提出检控。但与此同时，也可以通过与被调查人组织协商采取“延期起诉协议”的方式。[1] 所谓延期起诉程序是由反严重欺诈办公室主任提起，在法官监督下与被起诉的组织（而非个人）之间达成的协议，适用于欺诈、贿赂和其他经济犯罪。该协议允许在组织符合某些特定条件的情况下暂停起诉一段固定的期间，能够使相关机构仅对犯罪行为作出合法、合理的赔偿，而不至于受到定罪的附带损害，例如制裁或名誉损害，以及可能使公司停业并破坏无辜者的工作和投资。如2016年7月被发起调查的空客集团，便与反严重欺诈办公室达成了破纪录的延期起诉协议，空客公司通过支付罚款、利润及相关成本共计36亿欧元，换取了一段时间的暂停起诉，同时承诺全面整改公司道德规范和行为准则。自2013年适用延期起诉协议至2021年8月，已有空客、劳斯莱斯等10家企业使用了延期起诉协议[2]。

在调查权限方面，反严重欺诈办公室主要有侦查权、强制取证权、搜查权与排除干扰权。侦查权是指反严重欺诈办公室有权侦查重大复杂的欺诈、腐败案，可以要求警察机关或者其他机关为协助侦查并提供必要的辅助。强制取证权是指反严重欺诈办公室具有强制收集证据以及强制询问权，在行使这些权力时，反严重欺诈办公室首先会向个人、银行、金融机构、会计师和其他专业人员发出书面通知，通知以上人员在知悉相关内容的同时承担起保密义务。其次是向他们发出通知，要求他们依法向反严重欺诈办公室提供办案所需的信息。仍以空客案的调查为例，空客公司承认，在要求英国政府承担融资担保的协议时，公司没有告知当局其正在使用第三方的交易代理。在这一调查中，反严重欺诈办公室采取的措施包括审查潜在相关文件、在国内外询问相关证人、要求他国提供银行账户第三方持有的材料、发送司法协助以及向海外司法管辖区和机构调取的有关银

[1] About us，载SFO，https：//www.sfo.gov.uk/about-us/，访问日期：2022年11月26日。

[2] Deferred Prosecution Agreements，载SFO，https：//www.sfo.gov.uk/publications/guidance-policy-and-protocols/guidance-for-corporates/deferred-prosecution-agreements/，访问日期：2022年11月26日。

行、公司信息和获取海外扣押的文件副本[1]。搜查权是指反严重欺诈办公室在申请令状后，可以在侦查案件的权限范围内，搜查案件所需的证据或材料，并采取强制手段予以扣押，其中包括搜查财产和要求人员回答问题和出示文件的权力。此外，反严重欺诈办公室还有“黎明突袭”的权力，即在未提前通知的情况下对公司进行搜查并要求提供搜查中发现文件的复印件。排除干扰权是指反严重欺诈办公室对于干扰其侦查、起诉程序的相关人员可以予以起诉，追究相应的责任。在调查海外贿赂和腐败案件时，反严重欺诈办公室主任甚至能够在开始正式调查之前使用以上权力，改变了反严重欺诈办公室只能在案件被正式接受调查后才能使用调查权的局面，进一步加大了反腐败调查的针对性和有效性[2]。

（二）警察机构的腐败犯罪侦查权

英国是现代警察的发源地，19 世纪上半叶内政大臣罗伯特·比尔组建的大伦敦警察局被称为现代侦查组织的范例。英国没有严格区分公私概念，并未对侵占公共财产和私人财产做出严格的区分，基本都以欺诈犯罪论处。因此，反腐败调查也同对其他的欺诈犯罪调查一样，被纳入了警察机构的职权之内。

在组织方面，英国没有建立起统一的全国性警察体系，而是采用分权式侦查体制，分由英格兰、威尔士单独组织警务力量。国家警察局长委员会（National Police Chiefs' Council，简称 NPCC）作为中央机构，负责将英国的警察机构联合在一起，协调彼此的行动并帮助警察体系改革升级，其属下有 11 个协调委员会，每个委员会都由一名警察局长领导，对接各个具

---

[1] Airbus Group，载 SFO，https：//www. sfo. gov. uk/cases/airbus - group/，访问日期：2022 年 11 月 27 日。

[2] 《季美君：“英国反腐 | 反重大欺诈局是重要反腐机构”》，载正义网，http：//www. jcrb. com/anticorruption/ffyw/201611/t20161101l668468. html，访问日期：2016 年 11 月 1 日。

体领域的问题[1]。英格兰和威尔士拥有涉及各领域的专门性警察机构，分设了英国交通警察、民用核警察、国防部警察、国家弹道情报局、国家警察航空服务队、动作诈骗、根西岛警方，等等。

警察机构的侦查权由普通法和制定法共同规制，具体包括盘查、逮捕、讯问、起诉四种调查权。逮捕、讯问作为开展反腐败调查的重要手段，受到英国立法者的支持，并在逮捕权、讯问权等方面呈现出以下特点：在逮捕权方面，立法规定了无证逮捕的范围，较大程度上保障了对腐败案件嫌疑人及时的控制。可逮捕犯罪，一般是指依照刑法可能会被判处5年以上有期徒刑的罪，此时无须法院逮捕令即可予以逮捕。而这样的可逮捕犯罪概念涵盖了大部分罪行，因为“大部分英国立法都设定了比法院通常判决要高很多的最高刑”。

同时，作为逮捕的前提条件，“合理怀疑”的模糊性变相地赋予了警察在逮捕嫌疑人时具有极大的自由裁量权，在一定程度上有利于降低腐败案件犯罪嫌疑人串供、脱逃的可能性。2015年10月2日，石油输出国组织欧佩克某领导和另外4人便因涉嫌腐败被国家罪案署在伦敦拘捕，这次行动也被认为是针对涉嫌社会洗钱调查行动的一部分[2]。在讯问权方面，立法明确了讯问的流程，限制了被讯问人的沉默权，实现了警察侦查权的扩张。立法还规定，除却极特殊、紧急的情形之外，必须在警所或其他合法的羁押场所进行讯问，必须基于对犯罪嫌疑人的合理怀疑和告知方能开展，且要保障犯罪嫌疑人的获助权，犯罪嫌疑人提出要求，律师甚至可以在场参与讯问。但与此同时，基于律师在场会导致不良后果的考虑，立法又赋予了警察机关在讯问时拒绝律师在场的权力，如律师试图阻止讯问或不合理地干扰，替被讯问人回答问题等，警察可以停止讯问，并请示上级是否要求律师离场。随着英国法治的发展，讯问逐步被侦查访谈取代，使

---

[1] 《国家警察局长委员会》，载国家警察局长委员会官网，https：//www. npcc. police. uk/NPCCBusinessAreas/Default. aspx，访问日期：2022年11月27日。

[2] 《全球油价大战正酣欧佩克主席被指涉嫌腐败在英国被捕》，载环球网，https：//world. huanqiu. com/article/9CaKrnJQgwM，访问日期：2015年10月4日。

得反腐败调查通过讯问打开突破口的局面因此也面临着巨大挑战。侦查访谈即警察机关对被害人、证人和犯罪嫌疑人的提问活动，意味着英国警察在摒弃“三级审讯”模式方面迈出了一大步，彰显了英国警察对保护人权和打击犯罪的平衡的追求❶。

警察机构作为调查犯罪的主要部门，近年来实现了侦查权的扩张和职能的集中统一，日益发挥着反腐败调查“主力”的作用，其队伍庞大、信息畅通等一系列优势明显。尤其是改革以来，警察机构在保持着极大活力的同时，也彰显出英国政府对警察机构充分发挥其调查职能的期待。相比之下，屡次被传出要撤销的反严重欺诈办公室以及调查力量孱弱、职能不明确的监察专员，无一不在警察机构面前黯然失色。但与此同时，警察机构本身的行政机关属性决定了其独立性的极大缺失，使得依附于内政部的警察机构能否打破行政权的桎梏，独立完成反腐败调查最终成了未知数，如赋予警察反腐败调查职能的印度就以极严重的腐败展示了这一模式的缺点。

另一方面，警察机构本身就是腐败的“重灾区”，腐败在英国警察内部的蔓延使其饱受诟病，以 2021 年审判的一件受贿案为例，大曼彻斯特警察局的一名警员，在发现某同事有违法持有大麻的情况后，于 2017—2018 年多次收取他的贿赂金额，并私自访问当地警方计算机系统的数据和情报，帮助该同事多次逃避涉嫌贩毒的罪名❷。即使是国家罪案署这一类“超级机关”也无法独立于英国警察系统中的其他同僚——在同样归属内政部管辖的情况下，国家罪案署和地方警队交流密切，其调查部门的主要负责人也由地方警队调任，在面对同属警察系统的同僚时能否避免徇私舞弊还是一个待解的问题。

再者，警察机构作为长期在一线与暴力犯罪现象作斗争的部门，其人

❶ 毕惜茜：《英国警察：从审讯到侦查访谈（上）》，《现代世界警察》2020 年第 1 期。

❷ Corrupt police officer accepted bribes for classified information，载 CPS，https：//www.cps.gov.uk/cps/news/corrupt－police－officer－accepted－bribes－classified－information，访问日期：2021 年 5 月 28 日。

员素质、专业特长是否能够应对腐败犯罪这一智能化、高科技、隐蔽性极强的犯罪，也有待人们思考。同样的，反腐败调查作为警察机构众多的职能之一，难免会在警务活动整体布局中失焦，其专业化水平仍有待考察。

（三）国家罪案署的反腐侦查职能

为了应对日益严峻的犯罪威胁，以及协调跨区犯罪侦查，整合侦查力量，英国相继设立了跨区侦查队、国家犯罪情报局、国家犯罪侦查队、严重有组织犯罪侦查局，并于近年在整合上述中央警察机构的基础上，成立了直接对内政部负责的国家罪案署，并吸纳了一部分原属于大伦敦警察局的职能。在腐败犯罪跨区域甚至跨国特点日益显著的当下，地方警察机构很难承担起反腐败调查的重任，英国国家罪案署也就顺理成章地成为最主要的反腐败调查机构。

国家罪案署基于《2013 年犯罪与法院法》成立，负责领导英国打击严重和有组织的犯罪活动，通过锁定、调查并抓捕给英国构成重大风险的罪犯来保护民众。国家罪案署的高层领导架构是其董事会，由总监担任主席，再由运营总监、国家经济犯罪中心和威胁防范领导总监、能力总监、法律顾问和其他非执行董事等组成。总监领导调查指挥部，负责监督英国一些最受关注的案件，并分管武装行动、儿童保护与剥削、边境、反绑架与敲诈勒索、复杂金融犯罪、民事追讨与税收、国际腐败、重大犯罪的调查与分析等工作。因此，选任的总监一般需要具有较强的专业素养和充足的调查工作经验，并从基层警察中擢升❶。除此之外，还有“四队一处”作为下辖机构，分别是边境警务总队、经济犯罪总队、有组织犯罪总队、打击侵犯儿童与在线保护总队及国家网络犯罪调查处❷。同时，英国政府还成立国家经济犯罪中心作为国家罪案署的内设机构，通过汇集英国各

---

❶ Director of Investigations：Nikki Holland QPM，载 NCA，https：//www. nationalcrimeagency. gov. uk/who - we - are/our - leadership/senior - leader - biographies/director - of - investigations - nikki - holland，访问日期：2022 年 11 月 29 日。

❷ 粟长江：《英国最新警务改革：路径 · 趋势 · 启示》，《山东警察学院学报》2017 年第 1 期。

执法机关的相应知识与技能，协调开展打击经济犯罪的工作，尤其侧重惩办洗钱和腐败罪行❶。

在权力来源方面，鉴于其作为监管并最终试图减少英国有组织犯罪事件的主要机构，国家罪案署被赋予的权力将更为集中且特殊。这种权力集中的结果是国家罪案署在怀疑有组织犯罪事件时可以任意进入商业企业并扣押其认为用于犯罪的资产和其他商业财产。在调查过程中，它还能够要求个人接受面谈，以便提供某种程度的协助。此外，国家罪案署可以要求相关单位和个人提供其认为对证明有组织犯罪实施很重要的文件，将此提供给检察机关。这些从调查中发现的证据可作为提出刑事指控的印证材料。重要的是，对严重和有组织犯罪的起诉在政府和监管议程上占有重要地位，即当局将利用其可支配的资源来追查每一个可疑的非法活动事件。2020 年，国家罪案署便破获了一起将近 750 人的犯罪活动，通过使用国内某软件的加密技术，从而获取犯罪分子的犯罪活动与动向❷，这其实就是利用了国内可支配的资源用以侦破案件。总而言之，国家罪案署的权力是庞大的，但它只能根据法律在严格的框架内利用这些权力。它与其他当局和机构的密切联系使其成为一个强大的监管机构。同时，这也就意味着，任何面临调查或起诉可能的企业或个人，都需要做好准备。

（四）监察专员的反腐调查权

英国监察专员是从瑞典的监察专员演变而来的，从 1967 年第一个监察专员的出现，到纯粹公共部门的监察专员，再到私营部门的监察专员以及地方监察专员，后再逐步演变成当前的一站式监察专员部门，监察专员都

---

❶ 《英国打击经济犯罪的新方向》，载《众达法律评论》，https：//www. jonesday. com/zh－hans/insights/2018/07/%E8%8B%B1%E5%9B%BD%E6%89%93%E5%87%BB%E7%BB%8F%E6%B5%8E%E7%8A%AF%E7%BD%AA%E7%9A%84%E6%96%B0%E6%96%B9%E5%90%91%EF%BC%9F，访问日期：2018 年 7 月 5 日。

❷ 《英国警方渗透犯罪分子通讯网，史上最大规模抓捕 746 人》，《环球时报》2020 年 7 月 3 日。

在反腐败调查中发挥着重要的作用。监察专员里的监察员由政府或者机构组织指定，但独立于政府之外，负责调查和解决投诉、自主分析与决定、审查违规报告等，是独立居中的服务机构，也正因为如此，他们不会偏袒任何一方，以确保其能够公平做出决定。除了为个人提供补救外，监察员还可以对发现的任何系统性问题并提供反馈，以帮助改善服务和投诉处理。

从性质来看，英国的监察专员可分为七种。一是组织监察员，负责接受并调查实体成员、雇员和承包商对私营或者公共部门的投诉，通过冲突辅导、非正式调解的方式，帮助处理相关部门或组织的非正式冲突，并以秘密的方式向高层官员和员工汇报冲突的处理情况。二是古典监察员，或叫传统监察员，通过选举产生，专门处理政府实体或个人的行为或政策问题。三是辩护监察员，为被害人或者被害组织提供辩护，专门评估指控、维护被害群体的利益。四是混合监察员，其是根据私营或者公共部门的政策任命产生的，通常采取非正式程序调查与解决投诉，并制定具体的报告。五是立法监察员，通常与立法机关相联系，处理政府实体或其他机构与人民相关的政策或行动等，并协助立法监督这些机构。六是行政监察员，负责对具体的组织及其官员的投诉进行调查、审讯、发布报告。七是媒体申诉专员，即专门对接新闻舆论、鼓励特定新闻机构内部透明度的官员，获取公众的投诉后解决投诉中的问题[1]。

从层级来看，英国监察专员分为议会监察专员、地方政府监察专员和国家卫生署监察专员。议会监察专员负责对中央政府的官员与议会议员进行监督与调查，但仅限于处理公民受到侵害时对以上机关的不良行为的投诉，且公民需将投诉递交给下院议员，议员认为自己解决不了时才会提交给议会监察专员，也即议会监察专员不直接接受投诉。地方政府监察专员则分设于英格兰、威尔士、苏格兰和北爱尔兰，分别受理地方对地方政府及其官员、地方议会及其议员的投诉。国家卫生署监察专员则负责监督国

[1] 7 Types and Functions of An Ombudsman，载 analyticssteps，https：//analyticssteps. com/blogs/7 - types - and - functions - ombudsman，访问日期：2020 年 12 月 9 日。

家卫生署的不良行政行为，对投诉及时处理并公布。在2007年的《监管改革法》中，议会监察专员和地方政府监察专员被赋予了共享信息、开展联合调查、发布联合报告的权力，并允许监察专员任命调解员来辅助调查活动，该部法规的存在使得监察专员之间协作的权力被进一步规范化。

虽然监察专员覆盖了中央、地方各公共部门，但监察专员之间并不存在上下隶属的职务关系，没有形成统一高效的全国监察系统。实际上，在实务中起到协调全国监察专员作用的组织是监察专员协会。监察专员协会不仅包括公共监察专员和私营部门监察专员，还包括社会类监察专员，如志愿团体和专门研究监察专员的学术机构。目前，该协会共吸纳了54个监察专员机构。除了为公众提供寻求监察专员帮助的指引外，该协会还起到监督监察专员的作用。

从程序角度来看，英国监察专员有特定的调查程序。以议会监察专员为例，议会监察专员调查程序的第一个环节是审查环节，即由议会监察专员审查相关申诉是否可由他来处理，其审查内容主要包括：申诉人的申诉是否由下议院议员转来，该项申诉是否涉及不良行政行为所导致的不公正情形，被申诉对象是否属于议会监察专员的管辖主体，该项申诉是否存在无须受理或未达到受理申诉条件等情况；第二个环节是行政应诉环节，即在议会监察专员准备实施调查活动时，要给被申诉的政府部门或机构的主管官员、具体办事人员一个针对申诉状中各项控诉的申辩机会。需要指出的是，对于提交至其面前的行政申诉，议会监察专员拥有裁量权。一旦议会监察专员决定开展调查，便步入了调查程序的第三个环节——正式的调查。在这一环节，需要阐明是：（1）调查活动私下进行，可询问相关人等，也可要求相关主体出席作证或提供证据；（2）调查活动中有权调阅政府部门文档，但调阅内阁及其委员会的文档需要内阁大臣出具证明才可以；（3）调查活动中应保守公务秘密；（4）调查活动的开展不影响相关政府部门或机构行为的效力，也不影响它们对调查中的事项采取进一步的处理措施。等到正式调查环节完成，便是第四个环节，即告知调查结果环节。对于具体的个案，无论议会监察专员是否决定调查，都应向对接申诉的下议院议员出具一份报告，告知相关结果或原因；议会监察专员还应向被申诉的政府部门或机构的主管官员、具体办事人员出具一份报告，告知包含改正建议的调查结果。至此，议会监察专员的调查程序才算宣告终结[1]。

不同的监察员有不同的权力。所有监察员都有权对投诉进行调查及作出决定，他们的决定可能包括道歉、改变流程或程序、为所造成的不良后果支付赔偿金等。监察员通常有权要求涉事组织提供信息，并在必要时有权与监管机构、警察和其他执法机构共享相关信息。虽然监察员不是监管或执法机构，但一些监察员有能力确保其依法做出的决定能够通过法院得到执行。然而，英国大部分监察专员都不具备主动调查权，使得他们无法像检察机关、警察机关一样主动开展反腐败调查，这意味着监察专员在未收到个案投诉之前或没有投诉的情况下，不可以采取行动主动出击，对其认为存在不正当行为的行政机关和公共部门进行审查，这一缺陷使得监察专员的反腐败调查极其被动，这也是英国监察专员制度的主要特点。以议会监察专员为例，公民的投诉必须经由下院议员才能交给议会监察专员，一方面可减轻议会级监察专员的压力，下级议员能够解决的投诉问题便无须上升到议会层面；但另一方面，议会监察专员没法主动审查公民的投诉或其他机关的腐败问题，必须走完整个流程才可受理，这也使得议会监察专员的调查启动门槛较高，这也被称之为“议员过滤器”制度[2]。监察员权力扩张趋势明显，使得其越来越有权为其部门内的投诉处理制定标准，但发挥其反腐职能的最佳做法是，他们应当依法定权力主动开始调查，而不是被动等待投诉提出。

英国监察专员制度建立五十多年来，始终以强力的调查权作为监察专员制度彰显权威的重要保障，也正是因为如此，才使其在反腐败和纠正不

---

[1] 王佳红：《英国议会监察专员制度变迁史研究（1967—2017）》，博士学位论文，武汉大学，2018 年。

[2] 张倩：《英国监察专员的类型、功能及启示》，《政法论丛》2017 年第 4 期。

良行政行为方面取得一定成绩。但与此同时，监察专员制度的移植绝非完全成功，具体表现为其自身缺乏对监察专员制度未来走向的明确认识和规划。以调查这一环节为例，议会监察专员甚至因为人事变动而在短时间内多次变换了工作方法，三位议会监察专员任职期间的实践似乎正在经历一个“多调查—少调查—多调查”的轮回。这种缺乏稳定性的调查工作机制，在一定程度上也会对议会监察专员的权威性构成挑战。

（五）政府内部调查机构的行政调查

英国政府内部也设立了调查机构，对腐败行为予以监督和调查，有的部门内部还设立特别调查组，专门针对本部门出现的腐败行为进行调查、取证。典型的内部调查机构有：

国防部，设有反欺诈小组与防务欺诈分析小组，总共由35个成员组成，专门针对采购军备过程中发生的腐败行为。

财政部，专门负责对财政部乃至整个政府机构进行监督，通过调查提交关于政府内部腐败行为的报告来开展反腐工作，报告内容包括行为性质、种类、形成原因、具体数量、涉及金额和追缴方式，还会发布指导性原则辅助政府内部反腐败工作的开展。

国家保健署（NHS），主要针对国家保健系统领域的腐败行为，尤其是负责系统的管理人员与供药商、医生与患者之间的相互勾结贿赂。

国内税收署（Inland Revenue），针对税收领域的腐败行为进行调查，同时有权就所调查的事项进行独立自主的起诉。

工作与养老金署（Department of Works and Pensions），专门调查各项社会福利的腐败行为，同样有权自主起诉。

四、英国反腐败调查机制的特点

英国反腐败调查制度虽然存在着不足之处，但是总的来说，仍然是比较完善和有效的。同时，根据英国人的历史传统来看，他们喜欢渐进式改革，在反腐败调查制度上也是如此，反腐败形势日新月异，英国的反腐败调查制度也在不断变革，彻底避免腐败是一种理想化状态，实现起来很难，但从实际效果上来讲，英国确实已经成功地把腐败限制在维持政治秩序稳定的范围之内。

（一）打击腐败公私兼顾

英国每隔几年都会发布与反腐败相关的计划、战略，指导反腐败工作的开展，如2014年的反腐败计划、国家安全战略和2016年伦敦反腐败战略、2017年到2022年的跨部门反腐败战略等。在这些战略计划中，几乎每一个都列明了公私领域的腐败打击内容，如2017年到2022年的跨部门反腐败战略把“促进公共和私营部门的诚信”作为反腐败工作的六大优先事项之一[1]，明确表明腐败打击必须公私兼顾，虽腐败行动均以公共部门为打击主体，但私营部门的腐败行为同样被纳入打击网之中，促进整个社会的共同清廉。英国的反腐败机构也分散于公共领域和私营领域，如各个类型的监察专员不限于公共领域的腐败监管，同样有专门对接私营领域的调查监督；重大、复杂、有组织的腐败违法犯罪主体也不一定都是公权力机关，多多少少都会有私人主体的参与，这些也都是反严重欺诈办公室、国家罪案署的打击范围。

（二）调查机制较为健全

议会制君主立宪制的政体决定了英国的反腐败体系的议会主导性，其主要的反腐败机构大多由议会产生，对议会负责，也受议会监督，但这不影响英国确实建立起较为全面的反腐机制。在英国，特别强调反腐败是本系统、

---

[1] Effects of corruption in the UK，载上议院图书馆官网，https：//lordslibrary. parliament. uk/effects－of－corruption－in－the－uk/，访问日期：2022年10月4日。

本地区、本单位的事，各部门负责管好分内之事，落实主体责任制，各司其职、互不隶属。因此，各个领域都有自己较为独立的反腐败调查机构，一同构成了统一又独立、多层次、多渠道的调查体系。从纵向来看，议会监察专员对议会内的腐败行为进行调查，政府内部的特殊部门如财政部、国防部对接行政领域的监督，横向来看反严重欺诈办公室负责重大严重欺诈案件的调查和起诉工作，国家罪案署与警察机构负责大部分违法犯罪行为。虽然每个机构的名称、性质、任务、职权等特质各不相同，彼此之间也并不相互制衡、相互平等，但本质上都是针对其领域内腐败行为的调查与监督，也是最为快速发现腐败、最为直接采取反腐措施的方式。

（三）反腐机构缺乏协调

受政治体制以及经济文化因素等影响，英国反腐败有关的法律规定、措施以及机构等比较分散，没有全国统一的反腐败领导及协调机构。英国的不成文法和普通法、判例法，以及其实用主义传统决定了其反腐败机构的设立和调查多为“事后型”，也就是说往往是出于对已经发生的行为做出的被动反应。这样的行为方式至少导致了三个后果：第一，机构冗杂，数目繁多，但在事情结束后这类机构又不得不考虑继续存在下去的理由；第二，责任重叠，效率低下；第三，缺乏规划，设置不一。上述不利后果的存在，迫使各机构之间的关系比较复杂，工作难以协调，给反腐败工作带来一定的难度。如上文所述，英国的反严重欺诈办公室只负责重大贪腐的惩治，而对普通的或小型的腐败犯罪行为鞭长莫及。虽然“大老虎”得到惩处，在社会上起到了威慑作用，但是“苍蝇们”的腐败行为仍然没有专门的机构来负责，这始终是个隐患，而且腐败犯罪日益呈现出复杂化的倾向。英国目前的反腐机构虽然众多，但是在反腐败工作中，它们之间的联系并不紧密，分工亦不明确，在腐败案件的管理权限上也存在重叠，各个机构之间需要合作的案件越来越多，机构之间的协调机制显得越发重要，英国也在这方面做着积极的尝试。

（四）国际合作不断加强

在英国，尤其是在伦敦的房地产和金融市场开设公司非常便利，这为开展腐败活动提供了便利，这也是伦敦成为投资国际腐败收益的首选地的原因，这一点给英国造成了重大的声誉危机和金融风险。在英国注册的公司经常为了开拓业务而在海外行贿，而总部设在大型金融中心的公司则被用来掩盖所有权和隐瞒腐败的付款。英国执法部门之间全力合作，携手应对贿赂、腐败和逃避制裁等行为，并致力于与外国执法机构合作来加强对海外腐败的打击力度。国家罪案署下专门成立了国际腐败股（International Corruption Unit）以调查国际贿赂、腐败和相关的洗钱罪行，它的关键作用是调查英国因海外高级官员腐败而造成的洗钱活动，即涉及英国公司或具有国际背景的国民的贿赂以及与英国有联系的跨境贿赂。同时，英国还是国际反腐协调中心的成员国，该中心汇集了来自世界各地不同机构的专业执法官员，在全球范围内解决贿赂和腐败问题。英国也是国际外国贿赂特别工作组的成员国，该工作组由来自英国、澳大利亚、加拿大和美国的专业贿赂调查人员组成，它通过为警察专家提供一个平台，分享国际贿赂调查的知识、技能、方法和案例研究，确保各机构之间采取适当的国际协调办法，以加强国际范围内对外国贿赂的执法反应。

英国作为一个高度发达的资本主义国家，作为欧洲四大经济体之一，拥有优越的经济发展水平、良好的国民生活水平、自由民主的社会氛围以及健全的社会保障体系，同时，英国的反腐败工作也取得了较好的效果，清廉指数的国际排名常年居于中上层次，且逐年提高。但随着新冠疫情的爆发、GDP 的收缩，以及首相的频繁更换，英国政治与社会秩序也愈加处于不稳定的状态，反腐败工作也受到了影响。

由于英国是不成文法与判例法国家，英国针对腐败的主要法律依据为《反贿赂法》。英国建立了独立且较为全面的反腐败调查机构体系，立法、司法、行政都有各自对应的腐败调查与监督机制。立法方面，整个反腐调查机制都是以议会为主导，议会自身可以在发生腐败问题时建立特殊委员会进行专门的调查，也有议会监察专员进行常设监督。司法方面，有反严重欺诈办公室、国家罪案署与警察机构对腐败问题进行侦查，并加大对严重复杂的腐败行为的打击力度。行政方面，政府内部有专门调查部门如财政部、国防部。各个机构都在各自的领域严格落实反腐败工作，致力于营造良好的清廉氛围，这也是目前英国清廉指数较高的原因。然而，2022 年 5 月 2 日发布的针对英国全球反腐败制裁的详细报告显示，英国从 2018 年以来仅对六个实体发出了七次罚款，总价值仅两千万英镑，2021 年 7 月以来制裁的腐败人士不足 10%，也即英国的腐败制裁并没有达到很好的效果。究其原因有以下几个：缺乏反腐败的指导、缺乏正确的促成战略方法、与其他反腐败国家的信息共享不足、执行方面存在缺陷如严重缺乏资金❶。且英国经济呈现出萎缩状态，从英国国家统计局的数据得出，英国是唯一一个在 2022 年第三季度出现 GDP 下滑的七国集团经济体成员，甚至比新冠疫情时还要严重，英国的服务业、银行业、制造业也受到冲击。这意味着反腐败工作资金也会受到影响，反腐败工作面临着更大的压力❷。在面临新困境的情况下，英国仍然需要整治反腐败工作，克服当前的反腐缺陷与危机，以便更好地提高反腐败效率。

---

❶ Report on the UK's Anti – Corruption Regime finds no new sanctions since July 2021. Why?，载国际律师项目，https：//www. internationallawyersproject. org/post/report – on – the – uk – s – anti – corruption – regime – finds – no – new – sanctions – since – july – 2021 – why，访问日期：2022 年 7 月 1 日。

❷ The UK economy is sliding into recession and Europe is set to follow，载 CNN，https：//www. cnn. com/2022/11/11/economy/uk – economy – recession – europe/index. html，访问日期：2022 年 11 月 11 日。

第六章　法国的反腐败调查机制

法国是位于西欧的高度发达的资本主义国家，作为最早步入工业化的国家之一，具有发达稳定的经济水平，也具有优越的社会保障制度。法国历史上发生过许多贪腐大案，典型的有前总理政治献金案、埃尔夫石油公司贪污腐败案、法国向中国台湾地区出售武器案、非洲油田探采权贿赂案、并购前东德炼油厂佣金案、巴黎大区公共工程腐败案、前总统受贿案等，这些重大腐败案件均造成较大社会影响。其中，埃尔夫石油公司贪污腐败案甚至震动了整个欧洲政坛，法国的政治形象也受到很大影响。

如今，法国的腐败情况比往年改善了不少，但仍然不容小觑。2018年，法国马恩河谷省的弗雷讷监狱被爆出腐败丑闻。主任与看守主动提议关于囚犯的相关优待措施，包括服刑期间的便利、支持减刑程序、向法官处“行方便”等，以此为条件收受囚犯的贿款，形成了主任、看守以及囚犯七人共同联合作案的犯罪链条，涉案金额高达数十万欧元[1]。不仅如此，有过多次腐败“经历”的某前总统也继续参与法国总统选举，丝毫未受到之前腐败“经历”的影响。法国反腐依然任重道远。

一、法国的反腐历程及腐败问题

作为民主政治较为完善的西欧国家，法国近年来一直保持着较高的清廉水平。2016—2021 年，透明国际组织发布的法国清廉指数保持在 69 ~ 72

---

[1] 《法国监狱爆腐败丑闻涉案金额达数十万欧元》，载环球网，https：//world. huanqiu. com/article/9CaKrnK75Q6，访问日期：2018 年 3 月 27 日。

左右，在近180个国家中排名介乎21~23之间，属于较高水平（见表6-1）。虽然法国在清廉指数及其国际排名上属于国际上的第一梯队，但与其他发达国家相比，法国的清廉指数却稍显落后。以2021年发布的清廉指数及其国际排名为例，法国低于北欧、西欧的其他几个国家及日本、加拿大等传统意义上的发达国家。且法国一直具有宽容的文化氛围，追求“博爱”精神，这让法国民众对腐败的发生更为宽容，也导致公职人员自我约束的意识淡薄，加剧其追求权力、金钱的贪腐之心。

表6-1 法国2016—2021六年间在“国家清廉指数”的排名

年份	清廉指数	国际排名
2016	69	23
2017	70	23
2018	72	21
2019	69	23
2020	69	23
2021	71	22

如同大革命后的法国政局一样，法国的腐败也是此起彼伏，甚至从某种程度上讲，或许两者之间还存在某种联系。总的来说，自大革命以来法国历史上经历了三个腐败严重时期，也正是因为这三段经历，法国的廉政体系得以在一腐一治的跌宕起伏中建立和完善起来。

法国近现代历史上的第一次、第二次腐败高发期出现于19世纪末20世纪初和20世纪70、80年代，均是在剧烈的社会转型期。为了挽回政治形象与声誉，法国政府对腐败进行了集中治理，取得一定成效。但好景不长，20世纪90年代以来，法国的政治腐败又进入一个小高潮，而且高层腐败越发严重。首先，腐败不仅是单个人的行为，而形成了系统性的是集体腐败。其次，腐败牵涉的资金已不再是小数目，这些非法流动的资金已经严重威胁到了政治安全。很多高官拿着厚禄，却仍然具有对金钱的贪婪与野心，甚至发生了大量“监守自盗”的违法犯罪行为。20世纪90年代以后，法国至少有30位部长和大城市市长因被控腐败而下台。20世纪末对腐败大案的审判过程阻力重重，未能掀起法国反腐的第三次浪潮❶，经济合作与发展组织在2014年年度工作报告中指出，法国对违反公共廉洁义务和经济领域中重大腐败违法犯罪行为的追诉和处罚非常不足。对此，法国近年来不断进行立法更新，就刑事实体法和刑事程序法在内容上做出不断改进。

1958年的法国宪法第二章规定了十五条关于法国总统的各项权力，在赋予总统权力的同时凸显了法国具有集权倾向的半总统半议会制，也正是这种规定使得总统在近乎不受监督的情况下成为一系列腐败案件的中心。如某前总统在有多次腐败前科的前提下，2014年7月1日再次因涉嫌腐败被警方拘留调查。调查发现，他涉嫌贪污、违反职业保密规定获利、探听司法机密、妨碍司法公正，并利用政治影响力收买法官，以获取司法部门对其2007年总统竞选期间非法收受政治献金一事的调查进展信息❷。2021年，又因腐败罪和以权谋私罪，被判处3年有期徒刑❸。这类高官贪腐案件在法国频频发生，除总统之外，议长、部长高官也不时“落马”。2019年9月11日，法国国民议会的议长因涉嫌牟取非法利益被法院起诉，并接受法院讯问。他被怀疑在担任某医疗互助保险公司负责人期间，从2011年起，在某房屋租赁项目中持续牟取非法利益，直到2017年，此事才被法国司法部门知晓，启动了对他的调查❹。

作为联合国安理会常任理事国和传统意义上的发达国家，法国在国际关系中发挥着举足轻重的作用，较强的国际影响力和临近地中海的地缘条件使其滋生出外向型的腐败。2017年，法国国防部下属军工巨头泰雷兹公

---

❶ 王建波：《国外廉政建设述评》，武汉大学出版社，2016年。

❷ 《法国前总统萨科齐涉嫌贪腐案》，载中国新闻网，https://www.chinanews.com/gj/z/html/sarkozycorruption.shtml?sw=79，访问日期：2022年11月30日。

❸ 《法国法院宣判前总统萨科齐腐败罪成立判其3年有期徒刑》，载光明网，https://m.gmw.cn/baijia/2021-03/02/1302141724.html，访问日期：2021年3月2日。

❹ 《法国国民议会议长涉嫌牟取非法利益被起诉》，《中国纪检监察报》2019年9月23日。

司持股的某国有控股企业，因涉嫌向巴西官员行贿，被法国国家金融检察官办公室（Parquet National Financier，简称 PNF）立案调查。调查发现，该企业曾于2008 年向巴西官员行贿，并成功拿到一份总额 67 亿欧元的巨额潜艇订单。巧合的是，这份订单刚好是在时任法国总统对巴西进行国事访问期间签署的。而后，巴西向法国采购了 4 艘潜艇[1]。法国的外向型腐败还具有鲜明的地域性，即外向型腐败行为主要集中在非洲、中东等国家，其原因是法国曾在非洲、中东地区拥有较广的殖民地，法国对这些地区经济、政治、生活等各方面的影响至今都难以消除。

二、法国的反腐败法律依据

法国的反腐败法律体系包括预防性法律、刑事法律、公职人员行为规范等多重规制，内容涵盖预防腐败、惩治腐败、查处腐败等。在法国，绝大部分反腐败调查是由专门机关将其已掌握的腐败线索提供给反腐败调查机构后才启动的，因此许多法律与反腐败调查关系密切。这一部分的法律法规主要有：《公共生活透明法》《打击偷漏税和经济金融犯罪法》《萨宾第二法案》《数字共和国法》《计算机、文档和自由法》等。除此之外，对反腐败犯罪调查的法律规定主要集中在《刑事诉讼法》中，该法明确司法警察、预审法官、检察官、金融检察官开展反腐败调查的职权。

与此同时，法国也积极参与国际反腐败工作的开展，法国不仅是若干反腐败公约的签署国，如联合国《反腐败公约》、经合组织《反贿赂公约》、欧洲委员会《反腐败刑法公约》和《反腐败民法公约》等，并且也是欧洲委员会反腐败国家集团的成员。

以下对法国反腐败法律体系中起较大作用的法律进行介绍。

---

[1] 《卷入巴西贪腐大案，法国国企遭到调查》，《中国纪检监察报》2017 年 7 月 25 日。

(一)《刑法典》

根据法国法律对腐败行为的界定，腐败行为包括主动、被动贿赂和兜售影响力等若干形式。普通的腐败行为规定在《公务员总法》《劳动法典》中，情节更为严重的行为，则会触犯《刑法典》的有关规定。《刑法典》对盗用公款、滥用职权、内部交易、收受贿赂、非法占有财务、渎职等各种被动和主动的贪污腐败犯罪行为都予以规制，还将疏通费、赠送和接受礼物以影响官员、兜售影响力、洗钱、敲诈勒索和滥用职权定为刑事犯罪。《刑法典》的腐败立法适用于国内的腐败行为，在某些情况下也具有域外效力，条件为受害者或行为人为法国国民、所犯罪行在行为发生地也构成犯罪、检察机关在受害者或外国主管当局申诉后也启动了诉讼程序[1]。此外，为了打击跨国腐败，衔接国际腐败标准，《刑法典》第432－11条和第433－1条规定了相应的承接部分，与《萨宾第二法案》的措施有所对应。

(二)《萨宾第二法案》

《萨宾第二法案》(*Sapin II Law*)，又名《2016－1691号法案》，该法案沿袭了法国财政部长米歇尔·萨宾于1993年提交的一份反腐法案。随着贸易全球化加剧，腐败也进一步恶化，并破坏法国经济。正如经济和财政部长米歇尔·萨宾所指出的那样，腐败是经济发展的真正障碍，扭曲了公平竞争并损害了法国企业的声誉。法国从未因贿赂外国公职人员而将行贿公司定罪，尽管根据美国《反海外腐败法》和英国《反贿赂法》等法律规定，拥有国际业务的法国企业经常发现自己因此类行为在美国或英国受到起诉和刑事调查。在《萨宾第二法案》颁布实施之前，经合组织等国际反

[1] 《法国的反腐败法制》，载中国反腐败法治创新网，https：//law. seu. edu. cn/fanfufazhi/2020/0829/c20570a343739/page. htm，访问日期：2020年6月11日。

腐败执法组织曾指出，法国在反腐败执法方面落后于其他国家，需要加强打击腐败的努力。

《萨宾第二法案》的出台成为法国反腐败执法的重大转折点。《萨宾第二法案》2016 年 12 月 9 日由总统签署通过，2017 年 6 月正式生效。这部法案以美国的《反海外腐败法》为基础，同时拥有法国的国情特色，引入了一项预防反腐措施，共包括企业必须履行的八项义务，分别为领导的承诺、风险地图、行为准则、内部预警系统、客户与供应商的评估程序、财务审查程序、培训机制、内部管理和评估机制。此外，该法案还推动设立了新的反腐败执法机构——法国反腐败总局（Agence Française Anti - corruption，简称 AFA），由该局专门监督企业建立合规制度，并按时检验相应的成果；如果有触及该法案的行为，反腐败总局可以直接发出警告，或交由制裁委员会进行处理，给予罚款、发布决议等相应的处罚。但由于这部法案不是规制犯罪行为的刑法典，对于严重的腐败犯罪，仍然要由反腐败总局通知检察机关提起公诉，并以《刑法典》为依据作出相应的审判[1]。

（三）《政治生活资金透明法》[2]

《政治生活资金透明法》（*Transparency in Political Life Funding Act*）于 1988 年制定，依据该法成立了专门反腐机构——政治生活资金透明委员会，由法国行政法院、高等法院和审计院的公职人员组成，每 4 年重新更换组成人员，由具有专业法律知识、高道德素养的执法人员来专门负责该法规中最为重要的“公职人员财产申报制度”，审查所列范围内人员的财产情况。

公职人员财产申报制度是指相应的公职人员需要对其所拥有的财产情

---

[1] 《贸促会驻外代表处法国：法国企业反腐败法》，载中国国际贸易促进委员会，https：//www. ccpit. org/france/a/20211209/202112098ecn. html，访问日期：2021 年 12 月 9 日。

[2] 《法国的反腐败机制》，载中国反腐法治创新网，https：//law. seu. edu. cn/fanfufazhi/2018/0811/c20293a235344/page. htm，访问日期：2018 年 8 月 11 日。

况进行申报，包括财产的来源、数量、增减等；来源不明的财产需要特殊调查，如无法说明且不符合其职位收入的，该部分财产将被视为非法所得并予以惩戒。该制度使得公职人员的财产变得公开、透明，公职人员的腐败行为在一定程度上可以加以预防或及时制止。

三、法国的反腐败调查机制

法国建立了一套较为全面的反腐败调查机制，作为普遍的执法调查主体，传统执法机关警察机关、检察机关也有专门的反腐败总局进行针对性调查。议会在特殊时期组建调查委员会进行特殊案件调查，也起到了良好的作用。同时，法国的预审法官制度也为反腐败调查增添了强有力的色彩。

（一）检察机关对腐败犯罪的侦查职能

法国并没有统一的中央检察机关，在《刑事诉讼法典》规定中，其相关权力的行使主体也是“检察长”“检察官”等具体的职务人员[1]。检察官在反腐败调查中享有“在其管辖范围内指导司法警察的工作，并享有刑事诉讼法规定的司法警察的所有权力以及特定的刑事立法机构的特权即制定刑事政策的权力”的职权，同时，拥有公诉权的检察官也同样能够作为反腐败调查的监督主体。

在组织体系上，法国实行的是审检合署制，即法国不单设与各级法院相平行的检察院，而是在各级法院中派驻相应的检察长、检察官，由此构成统一的检察机关体系，其成员可以在符合其内部等级制度的不同机构之间调动。最高法院设驻的最高法院检察机关由司法部统一领导，具体由总检察长、副总检察长、总检察长助理、副检察长助理及行政官员组成，其

[1] 《法国检察机关层级管理是如何重建的》，载检察日报，https：//www.spp.gov.cn/spp/llyj/202204/t20220419_554543.shtml，访问日期：2022 年 4 月 19 日。

职责主要是制定政策和监督全国各地的检察工作。此外还有一个检察纪律委员会，由总检察长、最高法院院长以及各级法院的法官和检察官代表组成，负责调查检察官工作中的错误并决定惩罚办法。上诉法院的检察机关则负责参与上诉法院受理的各种诉讼并监督管辖区内各检察机构的工作，是专门行使上诉审判权的法院。检察官的独立性虽然强于司法警察，但仍然受到行政权的制约，虽然与法院不存在依附关系，但在人事上隶属于司法部，故检察官在行使职能时仍要受司法部的制约。司法部虽然不会干涉检察官在具体案件中的诉讼活动，但它可以制定检察工作的指导方针，特别是在处理重大的政治性案件方面。如果检察官违背司法部的“大政方针”，司法部有权处分检察官。同时，司法部长并不具有检察长或检察官的身份，但其作为该系统的最高行政首长，对所有的检察长与检察官都具有统一的外部指令权❶。

特别需要提出的是，随着犯罪形式多样化，法国在司法改革中新设了8个专门的检察官办公室。其中，依2013年12月6日第2013－1115号法案而创设的金融检察官办公室在反腐败调查中发挥着日益重要的作用。金融检察官办公室的主要职能有三项，一是制定国家关于经济和财政方面的刑事政策，这使得该办公室成为重要的情报分享机构与衔接协调机构；二是提高金融犯罪打击率，包括金融腐败犯罪打击率。由于金融犯罪涉及的主体多、案情复杂、市场交易影响度大，金融腐败日益增长，必须有针对性的专门机构予以侦查与起诉，才能加强对其的打击与威慑力度；三是加强国际司法合作，推动与国际组织以及中国、美国、欧盟各国的司法协作❷。

金融检察官办公室成立后，法国的反腐败调查进度实现了明显的“提速”。据统计，截至2017年6月30日，金融检察官办公室共处理了416起

---

❶ 万毅：《法国检察官的身份之谜》，载正义网，http：//www. jcrb. com/procuratorate/theories/practice/201508/t20150804_1532616. html，访问日期：2015年8月4日。

❷ 施鹏鹏：《法国："立竿见影"的金融检察院》，载《检察日报》2018年11月20日。

国内犯罪案件，其中192起涉及腐败犯罪，约占46%，有317起案件在审前程序中得以处理，其余案件均以不同形式得以定罪❶。同时，金融检察官办公室还参与了一系列大案要案的调查，在反腐败调查中崭露头角。如在2017年的大选中，金融检察官办公室决定对右翼总统候选人涉嫌滥用公共资金、亲属“吃空饷”等腐败行为指控，展开更全面的司法调查，并在调查过程中运用了广泛的调查手段，包括监听其手机或决定对其实施软禁等❷。

(二) 警察机关对腐败犯罪的侦查权

法国共有两支国家警察部队，分别是国家警察（National Police）和国家宪兵队，国家警察负责管辖城市和大城镇，国家宪兵队则负责管辖较小的城镇及农村、边境地区。国家警察由警务总监指挥，并对内政部长负责，下设许多分局负责具体的工作❸。其中，中央司法警察局（Central Directorate of the Judicial Police，简称DCPJ）是最主要的犯罪调查机构，负责调查和打击全国范围内的严重犯罪。中央司法警察局下设有组织和金融犯罪分局，负责财政、金融、经济等领域内各种“白领犯罪”案件的侦查，与反腐败调查较为密切。

为了更有效地应对腐败犯罪，法国国家警察还设立了反腐败办公室，负责对一系列腐败案件进行调查。2014年7月，该反腐败办公室便拘留并讯问了前总统，对其在2007年竞选期间的两桩腐败案件进行调查，其一是涉嫌接受利比亚前领导人约5000万欧元，换算约3.7亿元人民币的政治献金，其二是涉嫌从欧莱雅集团获取大量现金。随后，该前总统于2021年3月被巴黎轻罪法院裁定“腐败”和“以权谋私”罪名成立并判处3年有期

❶ 施鹏鹏：《法国：“立竿见影”的金融检察院》，载《检察日报》2018年11月20日。

❷ 《“空饷门”持续发酵法国检方扩大对菲永调查或影响总统大选》，载《中国日报》2017年2月25日。

❸ 《国家警察（法国）》，载维基百科，https://en.wikipedia.org/wiki/National_Police_(France)，访问日期：2022年12月6日。

徒刑，其中包括1年实刑[1]。2019年，反腐败办公室调查并询问了前欧足联主席米歇尔·普拉蒂尼，外界普遍认为普拉蒂尼被调查是和2022年世界杯主办权的归属有关。虽然2022年7月8日法院裁定普拉蒂尼的腐败罪名不成立，但此事件也彰显了法国大力开展反腐工作的决心[2]。

（三）反腐败总局的反腐败调查权

反腐败总局是根据《萨宾第二法案》设立的，隶属于司法部和预算部，由司法部长和预算部长授权成立的反腐败专门机构。该局取代了前身中央预防腐败局（SCPC），且具备更强的反腐调查水平和更丰富的反腐调查资源，其人员编制配额也从中央预防腐败处的16个人增加到约70人，年度预算也增加到1000万至1500万欧元。为保证该局的权威性，反腐败总局的最高负责人由法国总统直接任命，人选从法国司法系统内的资深法官中挑选，每届任期6年，任期内不得更换人选[3]，且只有在提出要求或丧失行为能力或出现严重不当行为时，才能终止其职能。反腐败总局主任在行使其控制职能时，不得接受或提出任何行政或政府机构的指令。

反腐败总局有一个战略委员会，由一名主任及八名成员组成，其中两名由法务部部长任命，两名由预算部部长任命，两名由外交部部长任命，两名由内政部部长任命，以上成员任期为三年，可连任一次[4]。反腐败总局还有一个制裁委员会，由六名正式成员和六名候补成员组成，正式成员分别由国务委员会副主席、审计院院长、最高法院院长予以任命，候补成

---

[1] 《市长夫妇被控逃税法国政坛屡现贪腐》，载《中国纪检监察报》，https：//www.ccdi.gov.cn/lswhn/hwgc/201907/t20190716_28358.html，访问日期：2019年7月15日。

[2] 《FIFA丑闻：普拉蒂尼或面临终身禁职》，载BBC News中文网，https：//www.bbc.com/zhongwen/simp/world/2015/11/151125_fifa_ban_platini，访问日期：2015年11月25日。

[3] 《法国反腐将祭出三大新招》，载新华社，https：//www.ccdi.gov.cn/lswhn/hwgc/201607/t20160713_28077.html，访问日期：2016年7月13日。

[4] 《机构组织》，载AFA官网，https：//www.agence-francaise-anticorruption.gouv.fr/fr/organisation，访问日期：2022年12月6日。

员则根据法令任命，任期五年。制裁委员会可以指令公司根据其发送的建议，在其设定的期限内，即在3年以内调整内部合规程序，甚至还可以做出决定，公布、传播或展示对自然人处以最高20万欧元的经济处罚，对法人处以最高100万欧元的经济处罚命令，最终因为执行相关事项所产生的费用也由被定罪人承担❶。

反腐败总局的主要职能兼具开展反腐败调查、开展腐败预防和监督反腐败调查，具体包括：制定多年期反腐败计划和战略、支持私人和公共法人如何预防和发现腐败及提供建议、监测法院、行政部门等中央国家和地方各级公共机构、大公司等营利组织、社区等公益非营利组织和基金会以及其管辖下的公共和私营公司的预防系统的质量，以及根据司法裁决的情况，协助主管当局和有关人员预防和侦查广义的腐败行为。腐败行为具体包括以权谋私、挪用公款、非法获取信息、偏袒等❷。同时，聚焦企业的合规运行，着力铲除腐败滋生的土壤，是反腐败总局作为反腐败专门机构的重要职责，也是贯彻《萨宾第二法案》的重要体现。反腐败总局监督法国大企业完善并实施反腐败合规方案，并对发生违规行为的公司发出“警告”“强制令”，要求公司在最长3年的期限内作出改进，如公司因腐败被定罪，还将负责承担反腐败总局的监督费用。该局改变了法国的反腐执法方式，一方面，该局的权力是收集关于腐败的资料，并将这种资料转达给检察官；另一方面，该局被赋予了与反腐败执法有关的广泛监督权力，例如，它具有确保公司有效实施反腐败合规计划的主要权力，还可以提出建议，帮助私营和公共部门实体预防和调查腐败行为。

反腐败总局独立开展反腐败调查，这是其重要职权之一，这种职权的存在对复杂的跨国犯罪具有很大的威慑力。如在2021年4月，法国反腐败总局就曾在一项调查中揭露了印度天价购买法国达索公司“阵风”战机交

❶ 《制裁委员会》，载AFA官网，https：//www. agence – francaise – anticorruption. gouv. fr/fr/commission – des – sanctions，访问日期：2022年12月7日。

❷ 《机构介绍》，载AFA官网，https：//www. agence – francaise – anticorruption. gouv. fr/fr/lagence，访问日期：2022年12月7日。

易中存在腐败的问题。在2016年达成“阵风”战斗机交易协议后，“阵风”制造商法国达索航空公司向印度某中间商支付了110万欧元，暴露了该公司借助中间商的力量，使其能够获得高额交易协议的内幕❶。

(四) 其他调查机构的行政调查

公共生活透明度高级管理局（The High Authority for Transparency in Public Life，简称HATVP）的设立是不断努力加强公共生活中的示范性和透明度的结果。公共生活透明度高级管理局成立于2013年，此前发生了一起丑闻，即所谓的“卡胡扎克事件”，该丑闻涉及前总统任期内第一届内阁的预算秘书。在调查期间，他承认在国外持有隐藏的银行账户，他既没有向税务部门申报，也没有向负责控制公职人员资产的委员会申报。此后，负责控制公职人员资产的委员会起草并讨论了2013年10月11日关于公共生活透明度的法律，以便在法国的制度架构中解决这些问题。公共诚信的监管权力亟需委托给一个独特、完全独立和更有效的机构，即公共生活透明度高级管理局，负责确保公共机构的完整性。其职责包括控制任务执行人或公职人员资产和利益申报的完整性、准确性和公平性，向国家金融检察官办公室报告可疑案件，并向公职人员提供道德建议❷。

监察机构方面，虽然法国并未建立统一的监察机构，但在各部门中均内设了监察部门，特别是财政部监察总局（IGF），内政部监察总局（IGA）和总局财政部竞争和消费者保护办公室（DGCCRF），负责促进良好管理以及在内部控制中寻找管理不当、欺诈和腐败。监察机构每3～4年系统检查一次工作，并在重大问题和事故发生后进行专门检查，还具有处分有责人员的权力，每个部门都有内部审计和控制系统的账户，而这些账

---

❶ 《法媒爆料印度天价“阵风”战机交易存在腐败，印执政党称“毫无根据”》，载环球网，https：//baijiahao. baidu. com/s?id = 1696270873589452670&wfr = spider&for = pc，访问日期：2021年4月6日。

❷ HATVP，载networkforintegrity，https：//networkforintegrity. org/continents/europe/the - high - authority - for - transparency - in - public - life/，访问日期：2022年12月7日。

户每年由审计法院在准备其关于国家认证的意见时进行评估。

国家稽查特派员（State Inspectors）设立于20世纪50年代初期，通常由政府向国有企业派驻。其设立目的是，在保障国有企业自主经营权及其在市场竞争中高效竞争的同时，监督其腐败行为，防止国有资产的流失。国家稽查特派员一般是由工作多年、管理经验丰富、作风公正无私的高级官员担任，任期5~6年，以确保其高质的工作效率与清正廉洁的工作态度。国家稽查特派员受经济财政部长的直接领导，负责管理国家稽查特派员的机构为国家稽查特派院办公室。国家稽查特派员主要负责对拥有半数以上股份的国有企业总公司及其子公司、社会保障机构和获得国家财政支持的机构进行监督。为了保障上述目的顺利实现，法国财政给予公务员工资最高的便是国家稽查特派员，以保证他们不会为了贪图钱财而产生包庇等腐败行为。另外，大多数国家稽查特派员任职时已经工作多年，即将面临退休，他们自身也会为了保持名誉而较少贪图私利。

四、法国反腐败调查机制评析

尽管法国已经建立了较为完善的反腐败调查体系，但其腐败问题依然没有得到根本解决。究其原因，一方面，政治高层的腐败趋势依旧没有得到有效的遏制，另一方面，对高层官员来说，真正的政治腐败永远“查无实据”，所以导致该类案件最终不了了之，这同时也作为法国式腐败的一大特点而存在。很多案件在初审时被判有罪，但一旦上诉总是被改判无罪。由此可见，想要从根本上消除高层腐败，法国政府还有很多工作要做，至少要进一步加强对总统等高级官员的监督、约束和问责，这也应当是法国政府今后提升反腐败调查工作能力的一个重点。

（一）反腐司法侦查职能突出

法国在立法、行政、司法领域都建立相应的反腐调查机制，构建了较为全面的反腐包围圈。在立法领域，议会本身就可以开展反腐调查，可以就特定的腐败行为设定特定的调查委员会，由其专门对该事件进行调查与监督。在行政领域，根据《萨宾第二法案》设立的反腐败总局则日益成为行政反腐的主力，其高效、独立、权威的反腐败调查，对国内的腐败行为起着极大的打击作用，对国外的腐败犯罪也有很强的震慑力。监察机构则设置于各个行政部门，对每个部门的工作进行反腐调查监督。法国是典型的大陆法系国家，传统上追求实体公正，为有效打击犯罪强调司法机关的侦查职能。在司法领域，警察机关、检察机关、法院作为三大机关，牢牢稳固司法反腐调查机制的运行。司法警察、检察官的有效侦查，大力推进反腐侦查工作的运行与起诉，预审法官的反腐调查也促进了司法反腐工作的有效推进。与英国的反腐调查机制类似，虽然每个机构的特质各不相同，彼此之间也不相互制衡、相互平等，但都是对其领域内最为直接、最为针对的调查与监督，这使得法国的反腐调查机制能够遍布国家三大权力之中。

（二）行政反腐调查机制过于分散

欧洲理事会发布的《法国预防腐败评估报告》表明，法国的反腐执法机关大部分存在协调不足、监督力度不够、人事制度不透明、独立性不强等特点，导致法国的反腐工作成效不高，办案效率低迷，查不到、办不了重大及复杂的腐败案件。以上缺点在行政反腐调查机制里尤为凸显，如前文所述的法国前总统希拉克、萨科齐等多有腐败丑闻，可见行政反腐调查机制并没有发挥良好的作用。

政府中的监察机构分散在各个部门里，没有统一的协调机构。同时，这些监察机构也只能发挥同体监督的作用，而这种自己监督自己的方式效率极低。也正是强硬执法机构的缺位，直接导致了很多监督、监察机制流于形式，不能有效发挥好其自身能动作用。尤其是，大多数控制措施需要政府部门内部协商、合作执行，但却没有一个机构能够涵盖从腐败预防到执法的所有方面。现存的机构中，大部分也只是处理预防、控制和利益冲突，仅能够以规范道德、透明度和监督的作用适用于法国公共服务的各个部门。加之法国的半总统共和制政体已然赋予了行政领域较高的权力，如此集中的权力却没有与之抗衡的监督、调查机制，腐败现象的发生也就司空见惯了。

（三）预审法官发挥重要作用

预审法官制度是起源于法国的特殊司法制度，也是当今法国司法调查的重要制度之一，自然也在反腐调查中发挥了重要的作用。如其名称所示，预审法官是“法官”的身份，也就具备裁判权，对相关的案件具有裁判的职能。但其特殊之处在于，预审法官具有侦查权，且集侦查与裁判于一身。预审法官的侦查权与警察机关的侦查权没有区别，甚至比后者的权力更大、更广，可以自行决定侦查过程中对当事人、证人等实施合理的强制措施，可以在必要时采取任何侦查方式收集证据、查明真相，可以决定何时开启特殊的司法程度。也正是因为权力之大，预审法官在法国历史上许多重大复杂的反腐调查中都发挥了重要的作用。“埃尔夫石油公司贪污腐败”案中的预审法官历时八年，在与政府的对抗中查明了腐败真相；预审法官参与右翼总统候选人及其家人“吃空饷”的调查。2022 年 7 月 2 日，预审法官为了调查法国大型汽车公司雷诺集团管理人收受回扣、滥用公司资产、行贿、受贿、洗钱、违规使用资金等腐败问题，甚至亲自奔赴日本进行案件调查。可见预审法官对待反腐调查工作决心之强，彰显了预审法官在反腐调查工作的重要作用。

（四）国际反腐调查合作态度积极

欧洲范围内的不少国际组织的总部都设在法国，这些国际组织对反腐败都很重视。法国正逐步加强与国际组织、多边或区域开发银行和公共发展机构的合作，以促进对腐败风险的联合调查和信息交流。此外，法国也在加强与非国家行为者的合作，包括在公共机构和民间社会之间建立伙伴关系，以影响地方当局。法国当局的目标是依靠当地机构，同时还计划让中小企业、驻外工商会和外贸顾问的代表参与进来，特别支持加强地方高级审计机构的独立性、合法性和技术技能的项目。尤其是在调查方面，法国与其他 G7 国家（即七个最发达的工业化国家）共同承诺将合作进行到底，以期能够更好地发挥“防止和打击腐败和非法资金流动，并促进廉正，透明度和问责制”的作用。各国的承诺表明，反腐败斗争中的国际合作有可能得到根本性的加强，其中与道德和廉正有关的问题仍然会是政治优先事项的重中之重。

法国是西欧的资本主义发达国家，也是欧洲国土面积位居第三的国家，其三面环海，地理位置优越，人文历史悠久，经济发展优越，国民生活水平较高。在如此良好的环境中，法国的腐败问题却较为严重，时不时爆发的高官腐败丑闻总会引起法国人的忧虑。在某次调查中，60% 的受访者认为腐败问题已经是法国社会发展的主要障碍之一，受访者对政府的信任度也在下降。

事实上，法国很早就建立起较为全面的反腐调查机制。议会在立法领域掌握着反腐调查工作的主导地位，反腐败总局、监察机构以及其他部门的反腐机构则在行政领域履行着监督、调查职能，司法警察、检察官、预审法官与法院在司法领域打击腐败违法犯罪活动，贯彻立案、调查、侦查、起诉、审理等全链条。同时，反腐立法也与时俱进，如为了应对跨国腐败与贸易全球化带来的经济腐败诞生了《萨宾第二法案》。此外，还有各项制度如公务员的财产申报制、审计制等都为腐败的预防与监督发挥了重要的作用。然而，以上制度的落实情况并不理想，机构间协调性不足、制度执行不到位、权限不足以应对反腐调查、监督制度流于形式、问责无法跟上打击力度等问题的存在，使得法国的腐败问题仍广泛存在，清廉指数的国际排名也无法提高。为此，法国仍需加强与完善反腐调查机制，制定与国情相对应的预防、调查、监督体制，才能避免反腐工作形式化与低效化，才能发挥反腐机制的强权力度。

第七章　意大利的反腐败调查机制

意大利是历史悠久、较为发达的工业国家，也是世界第八大经济体之一，其汽车制造、机械制造、生物医药、航天航空等水平都处于全球领先地位，还被誉为“中小企业王国”。然而，意大利的经济情况在资本主义发达国家中却较为落后。归根结底，严峻的发展难题植根于意大利文化深处，腐败顽疾相互交织并向生活的每一个角落渗透，腐败问题也成为阻碍意大利经济发展的问题之一。2019 年，意大利交通部副部长因卷入发票报销案，被判处监禁与没收违法所得。涉案的 20 名官员在职期间多次滥用权力，将私人发票、私人账单等用公款报销，获取大量非法利益，因挪用公款与欺诈罪被处以刑罚。引人注意的是，法院最终判处的刑期比检察机关所请求的刑期还要重 1 个月，说明意大利正在严惩腐败行为，该案也被意大利媒体称为“疯狂报销”案❶。

在意大利严惩腐败的同时，“宽恕”腐败的行为也同时存在，如意大利前总理近十年来多次利用职权偷逃税款、非法贿赂、滥用职权等，却仍能在最新的民主选举中“暂露头角”，颇具讽刺意味。意大利甚至还衍生出了“Tangentopoli❷”这一专门词汇用以代指腐败事件，可见腐败早已根深蒂固。

---

❶ 《意大利高官曝出“发票腐败案”》，载《中国纪检监察报》2019 年 7 月 8 日。

❷ “Tangentopoli”一词来自 Tangente（贿赂）和 monopoli（垄断），指的是一个十几年来以收受贿赂为基础的意大利政治商业体系。

一、意大利反腐历程和腐败概况

意大利的腐败问题在各欧洲国家中属于较为严重的。从透明国际近几年发布的清廉指数来看，意大利清廉指数连续六年低于西欧及欧盟国家的平均值（66），甚至在2016年还曾位列该区域清廉指数排名的倒数第三，仅略高于深陷债务危机之苦的希腊以及处于转型期之中的后社会主义国家保加利亚（见表7－1）。尽管近五年来，意大利的腐败形势有所改善，但仍然处于该区域的靠后位置。

表7－1　意大利2016—2021六年间在“国家清廉指数”的排名

年份	清廉指数	国际排名
2016	47	60
2017	50	54
2018	53	52
2019	51	53
2020	53	51
2021	56	42

中世纪的意大利处于“教会状态”，被教皇掌握着国家统治权。在12到13世纪，意大利保持着直接由教会和皇权控制的武装力量。但自14世纪，教皇大部分时间被流放，一直声名狼藉，在1378年至1417年期间出现了多达三位教皇声称对天主教会拥有最高统治地位的荒谬“分裂”。[1] 而正是教会的集权体制，使得腐败伴随而生，腐败文化也逐渐蔓延至今。现今意大利信奉天主教的民众占据90%，而天主教本身就有一套中央集权、等级分明、逐级管理的“圣统制”，这套管理制度将神职人员、主教都划

[1] Quattrocento Italy－Culture，Corruption and War，载HISTORUM，Historum. com/t/quattrocento－italy－culture－corruption－and－war. 99786/#：～：text＝The% 20fifteenth% 20century% 20in% 20Italy% 20% 28the% 20Quattrocento% 29% 20is，and% 20public% 20morals% 2C% 20and% 20of% 20the% 20Catholic% 20Church，访问日期：2016年1月30日。

分成不同的等级，实质上赋予了人与人之间的差别，并受到教徒的注重。因此，这种等级划分也让腐败的存在变得理所当然。

在1992年至1994年期间，一系列调查揭露出意大利公共部门许多领域存在根深蒂固的腐败现象。例如，多年来几乎每一份由负责道路施工建设的公共机构所签署的合同都是通过基础设施公司之间组织良好的卡特尔制定，甚至完全取代了官方公共采购系统。针对这些腐败合同调查的最终结果，除了将意大利的大部分政治机构移交审判外，还引发了一波民众的愤怒浪潮，导致自1946年以来统治该国的五个政党突然消声匿迹，并导致了后来被称为“第二共和国”的诞生。1994年举行的选举标志着一个新政治体制的兴起和一个大致两极化的政治制度的出现，但随着反腐运动的深入开展，这些看似成功的反腐斗争实质上仍有负面影响，一些反腐调查受到高层权力的阻碍与抹黑，甚至有检察官反被诬陷腐败。曾参与“净手运动”❶的最高法院法官皮埃尔卡米罗·达维戈曾说过，“净手运动”之后，意大利政坛腐败现象不减反增，腐败成为国家名副其实的痼疾。

2011年，时任总理蒙蒂再次推进反腐进程，并于次年颁布新的《塞韦里诺法》(*Severino Law*)，从而改变意大利的整体反腐格局。2014年，时任总理伦齐也将反腐败列为政府改革计划，出台了一系列反腐措施，坚决反对深入时政的腐败行为。但这些行为的效果却十分有限，且伦齐试图以全民公投的形式改革宪法，也未能成功实现，最终辞去总理一职❷。虽然意大利的反腐历程并非一帆风顺，腐败问题也早已根深蒂固，但反腐措施仍然在进行中，每周都有从中央到地方的官员被起诉或被逮捕的消息。

如今的意大利，腐败现象仍然较为严重，甚至衍生出“习惯性回扣”这一腐败形式，而究其乱象产生的根源，则在于西式民主下必然产生的

---

❶ “净手运动”发起于1992年2月17日。当时的检察人员从米兰某家养老院院长受贿案查起，随后一并查出1200多起贪腐案件，共涉及8位前总理、5000多名经济和政治界人士，其中有300多名议员接受了调查。

❷ 《意大利反腐艰难推进》，载新华网，https://lzyj.lcu.edu.cn/gjsj/243866.htm，访问日期：2016年12月10日。

"金钱政治"。"净手运动"发生之际，意大利各政党每年非法收入高达83亿美元，特别是在案发的近十五年中更高达250亿美元，相当于意大利全国国债收入的总金额。然而，即使是在群情汹涌、民意沸腾的情况下，"净手运动"这一顺应意大利普通群众呼声的反腐运动仍引发了极大争议，暴露出社会经济领域的重重问题，反腐败调查一度陷入僵局。1992年12月，意大利前总理贝蒂诺·克拉克西因贪污、占有赃款、违反政党资金法使用资金等行为而受到调查，检举人列举出高达41项指控。然而，众议院却四次否决了授权对克拉克西启动司法程序的提案，全国性的抗议因此兴起，也从根本上终结了对意大利制度腐败的深入调查。

不仅如此，长期泛滥甚至业已扎根于意大利文化中的"腐败因子"在一定程度上颠覆了意大利社会群体的是非观。意大利反腐败局（National Anti－Corruption Authority，简称NACA）局长坎托内认为，意大利普遍滋生的腐败现象已经像一种"腐败文化"腐蚀群众的内心，对这种现象反而见怪不怪，导致这种腐败文化影响下所形成的腐败行为也不一定会让官员失去政治影响力[1]。以前总理为代表的一大批曾有腐败劣迹的政客，即便是在被打击之后仍能继续粉墨登场，甚至在涉腐被判入狱数年后的民主选举中再度问鼎该国政坛，不仅能够向参议院提交议案，甚至还提出把做假账充分非刑事化并大幅缩短该罪的诉讼时效的要求，还谋求授予他本人和其他议员刑事豁免权，并直接抨击司法对政治的过度干预，该行为直指曾将其送入牢中的反腐败调查。腐败政客的"重振旗鼓"不仅打击了反腐败调查的公信力，更为制约反腐败调查埋下了伏笔，造成了"反攻倒算"的隐患。

近年来，意大利财政领域的腐败层出不穷，其中不乏涉及大量高级官僚。根据世界银行的研究结果，意大利国内每年因贪腐造成的损失约为

---

[1] 《意大利"腐败文化"削弱反腐成果》，载《中国纪检监察报》2015年12月6日。

600 亿欧元，占到欧盟因腐败而损失的整体的一半[1]。而意大利本就是欧盟中财政状况最为糟糕的国家，腐败的蔓延对国家财政的负面影响更是不言自明。

同时，在一系列的自然灾害和生产事故面前，意大利基础设施建设领域存在的腐败问题也在不断显现。例如 2016 年 8 月，列蒂省发生 6 级地震，多处建筑坍塌，再次暴露许多豆腐渣工程建筑。震后消防队员在搜救的过程中，发现这些建筑完全不符合抗震标准，司法部、检察官、地质学家与建筑工程师等介入调查，肯定了上述事实并着手关于贪腐、涉黑的调查[2]。2018 年，热那亚的一座高速公路跨河大桥突然垮塌，数十辆汽车瞬间坠落，大量人员伤亡，且大桥附件的建筑物也遭受坍塌，压住多人及破坏多处财物。该悲剧引起大量关注，也让事故原因备受猜测，有关部门迅速介入调查，部分媒体猜测，大桥倒塌或与黑手党有关，黑手党多次因偷工减料及粗制滥造而臭名远播，严重威胁公众安全[3]。也正是这一系列重大安全事故，让意大利的腐败问题逐渐浮出水面。

二、意大利的反腐败法律依据

意大利反贿赂和反腐败的法律依据主要由《刑法典》（*Criminal Code*）、关于公司刑事责任的《第 231/2001 号法令》和其他具体的反腐败立法规定构成。此外，意大利《民法典》中也规定了一些刑事犯罪。在 2015 年，意大利通过扩大腐败犯罪的范围和惩罚，使得反腐败框架得到加强，同时还将公共和私营部门的影响力交易定为刑事犯罪，并修改诉讼时效。《公职人员行为守则》包括关于透明度、利益冲突和礼品的详细规定，

---

[1] 《意大利腐败基因深植传统文化》，载中国反腐法治创新网，https：//law. seu. edu. cn/fanfufazhi/2018/1114/c20572a246043/page. htm，访问日期：2018 年 10 月 7 日。

[2] 《意大利震区重建反腐任务重》，载《中国纪检监察报》2016 年 11 月 15 日。

[3] 《意大利高速公路桥垮塌致多人死亡，欧洲基建问题仅露冰山一角》，载新华网，访问日期：2018 年 8 月 16 日。

它要求中央、地区和地方各级的民选和任命官员以及包括代表公共当局及其亲属执行临时任务的官员申报资产。意大利的法律将腐败划分为行使职能而腐败和违反公务行为的腐败两种，将腐败行为分为贪污与挪用公款、贿赂、主动索贿、利用影响力交易、非法增加资产、私营部门的腐败行为等形式[1]。除此之外，意大利还是联合国《反腐败公约》、经合组织《反贿赂公约》、欧洲委员会《反腐败民法公约》以及《反腐败刑法公约》的签署国，这些国际条约与上文提到的法律规范一同构成了意大利的反腐败法律体系。接下来对意大利主要的反腐败法律进行介绍。

（一）《刑法典》

《刑法典》第 314 条至第 322 条将贪污和贿赂规定为犯罪，具体包括贪污、利用他人过错贪污、侵占合法扣押物、索贿、因职务行为受贿、因违反职责义务行为受贿、在司法行为中受贿、教唆受贿、贿赂外国公职人员。《刑法典》第 357 条则对公职人员的性质下了定义，分为立法、司法和行政公职人员，也即三权分立所对应的三个领域的职务人员，但此定义引起了意大利学界的争议，对于区分的界限尚且不够清晰。《刑法典》第 346 条规定了因吹嘘信誉受贿，也即利用影响力交易。此外，该部法律还规定了私营部门的腐败行为，针对公司及其员工、业务合作伙伴获取直接或间接非法利益、以实现不正当商业目的的行为[2]。

（二）《塞韦里诺法》

《塞韦里诺法》于 2012 年 11 月 6 日作为第 190 号法律颁布，2012 年 11 月 28 日生效，以时任司法部长塞韦里诺的名字命名，旨在预防和惩治公共行政领域的腐败行为建立起特别的规范体系，这也表明了意大利政府力图有效打击腐败犯罪的坚定决心。

---

[1][2] 杨超：《意大利反腐败法律体系研究》，《经济刑法》2019 年第 4 期。

《塞韦里诺法》是一个侧重于腐败问题的专项性立法。依据该法，政府透明度和廉洁度评估独立委员会”更名为“反腐败局”，专门监督腐败高发领域——政府项目投标，对所有参与投标的企业都进行严格的评判，若有足够证据证明存在腐败行为的，则会直接对其罚款，以便从根源上遏制腐败行为的发生。该部法律为可能产生腐败的高风险岗位规定了法定的轮岗制，以避免长时间的权力集中带来的权力腐败与谋取私利；还在公共职能部门内部设立了反腐败工作负责人岗位制，由其专门负责部门内的反腐败工作。这些制度也表明，意大利并不一味用重刑，也重视事前的预防与各种反腐制度❶。

（三）《扫除腐败法》

2018年12月18日，意大利立法通过了关于腐败的最新立法《扫除腐败法》，于2019年1月31日正式生效，专门制定了严厉的惩罚措施以应对腐败，这是对意大利腐败的具体细节深入研究后的结果❷。

《扫除腐败法》修改了《刑法典》的一些规定，包括：加大腐败的处罚力度；扩大打击范围，因腐败相关罪行被判处罪行的个人，符合条件的将终身禁止与公共行政部门打交道；修改有关诉讼时效的规则；取消司法部请求或受害人投诉作为起诉前提的必要性；引入减轻处罚与特别免除责任的措施。同时，该部法律也对《民法》进行了修订，引入了依职权对私人腐败的起诉、鼓励私人对腐败起诉。此外，该部法律也对公司业务进行了调整，延长了公司腐败限制措施的期限，纳入了与公司有关的非法贩运罪，引领公司全面评估以确定哪些业务领域会面临犯罪风险❸。

---

❶ 《意大利反腐败法律的最新发展》，载《中国审判》2020年5月12日。

❷ The Latest Italian Anti – Corruption Law and the Struggles of its Implementation，载 ibanet，https：//www. ibanet. org/june – 2021 – italian – anticorruption – law#： ~ ; text = Italian% 20legislation% 20on%，访问日期：2021年8月3日。

❸ Italy's New Anti – corruption Law，载 GLOBAL COMPLIANCE NEWS，https：//www. globalcompliancenews. com/2019/03/15/italys – new – anti – corruption – law – 20190228/，访问日期：2019年3月15日。

三、意大利的反腐败调查机制

意大利形成了一套反腐败调查机制，其主要的反腐调查机关包括专门机构反腐败局负责所有领域的腐败调查，公务员监察局则负责监督、调查公职人员的不当行为，检察官办公室和警察机关主打反腐败犯罪案件的侦查，而反黑手党检察官办公室是专门为打击意大利传统犯罪组织——黑手党涉及的腐败违法犯罪案件而建立的。

（一）反腐败局的行政调查权[1]

意大利反腐败局是一个独立的行政机构，重塑了反腐格局，并负责预防意大利公共部门的腐败和非法行为，其机构使命是在防止所有行政活动领域腐败的行动中确定的，负责预防公共行政部门、子公司和国有企业的腐败。

反腐败局的工作是在各方面的监督下展开的，包括：反腐败立法的适用、遵守透明度义务、授予公职、处理官员之间的利益冲突以及公共合同的分配和执行。反腐败局是一个由总统和四名成员组成的合议制机构，分别负责指导和规划、支持机构任务规划和控制、监督和规定四个领域[2]，他们从高度专业的专家中选出，与政府没有直接关系，在意大利国内和国外运行的公私营部门都拥有经过验证的技能，具有独立性和反腐败斗争的成熟经验。反腐败局成立后，制定公共工程的标准成本以及商品和服务的参考价格及反腐败监控措施被相继启用，工程建设、财政拨款等腐败案件高发、易发的领域被重点关注。在米兰世博会上，反腐败局还制定了合同审批程序、规范等，成功地发现了隐藏在操控政府项目中的腐败案件。同

[1] 萧轼：《意大利反腐败，如何刷新了成绩单》，载《廉政瞭望》，https：//wenku.baidu.com/view/fa84d4ec132de2bd960590c69ec3d5bbfd0adae3?fr=xueshu&，访问日期：2019年12月12日。

[2] National Anti－Corruption Authority（Italy），载维基百科，https：//en.wikipedia.org/wiki/National_Anti－Corruption_Authority_（Italy），访问日期：2022年12月10日。

时，反腐败局“负责调查和审理涉及国有企业腐败案件的检察官必须向反腐败国家管理局局长汇报案情”的制度设计，也在一定程度上起到了协调、监督反腐败调查的作用。

法律赋予反腐败局检查权、查询权、要求出示文件权以及要求涉事主体停止与法律和透明度规则相悖的行为的权力，比如，监督、举报、报告，但若符合相关条件，则会建议实施行政处罚；对于具有重大经济影响的公共合同相关的通知、行为和措施有权提出上诉，采取法律行动，并赋予负责人在不公布行为准则的情况下行使秩序权和制裁权的权力；通过请求披露信息或出示文件及数据来检查是否实现反腐败预防和调查的功能，并能够对拒绝或遗漏所请求信息的人或在招标程序期间出现虚假申报或文件的经营者，处以金钱或取消资格的制裁。

反腐败局的监督活动由主管部门根据年度指令启动，或根据主管部门的倡议和理事会的规定，在提交报告后自行启动并向反腐败局报告备案。如果公职人员或所谓的举报人举报违法行为，则该线索的处理将由主管办公室根据本规例及反腐败局就此事采纳的指引进行。收到报告后，反腐败局负责人在小组的支持下，以适当的预防措施启动用于核实报告人的声明中所陈述事实的内部程序。反腐败局负责人在遵守最高机密性和公正性原则的前提下，可以开展任何被认为适当的活动，包括对举报人和任何其他可能的人展开访谈，以期能够获得关于相关事件的报告。该报告在对数据进行匿名化和模糊处理并附加报告方的标识后，通过反腐败局负责人分享给其他相关方，以便辅助他们评估案件或根据案件的具体情况选择需要采取的相关举措，并且在收到报告后的30天内必须将调查结果报给反腐败局负责人，若有正当理由可再延长15天。

（二）公务员监察局的行政调查职能

意大利根据2001年3月30日颁布实施的第165号法令设立公务员监察局（下称“监察局”）。监察局负责履行法律所赋予的任务，直接向公共行政部长、公共服务监察局报告，按照是否符合公正和良好的原则监督行政行动，简化改革，并在遵守关于费用控制、产出、结果和核查工作量的现行规定的前提下，正确分配任务和行使纪律处分权。

公务员监察局在收到公民关于国家行政当局涉嫌违规、拖延或不遵守规定的报告时，可以要求有关行政当局在15天内作出说明和反馈，并根据具体协议与国家财政警卫队和国家总审计局检查处合作展开检查，以评估和核实费用使用情况。为此，监察局还从其他公共行政部门工作人员中选出10名官员，并赋予其指挥地位，以确保上述活动能够顺利开展。每次检查和访问均应由主管当局或其代表编写一份报告，对其所进行的访问和调查、提出的请求、查看或获得的文件以及收到的答复和澄清的具体情况进行说明。除此之外，报告还应列出针对相关问题而采取的纠正措施。在审查报告的15天内，管理部门可以提出意见并提供进一步的文件。并且，公务员监察局每年还应向公共行政部长提交一份关于检查和访问结果的报告，由公共行政部长将本报告转交各分庭。

（三）检察官办公室的反腐侦查职能

意大利的检察机关名为检察官办公室（Public Prosecutors' Office），具有高度的独立性，且不属于行政体系，而属于司法体系。检察官办公室由总检察长负责，下设多个地方检察官办事处，各自分管不同的辖区。每个地方办事处都设有首席检察官和检察官，由首席检察官负责总体行政事务，再由办事处下设的若干不同的工作小组负责对特定犯罪展开调查或提起诉讼。检察官一旦负责某个案件以后，有完全独立于政府和其他检察官的自主权。在组织上，检察官办公室主要有三个内部机构：（1）书记处，由书记长负责，主要负责检察机关内部司法文书的整理，非检察官人员事务的管理，财物、收支、结算等；（2）司法警察处，下设宪兵警察分处、国家警察分处、财政警察分处，分别指挥各自归口的警种进行侦查；（3）检察官办公室或总检察长办公室，主要负责侦查、提起公诉、上诉和监督法律的执行，但由于其间存在一定的职级划分，因此不同层次的检察机关所享有的职权也各不相同。

检察官办公室的职能无疑是调查犯罪，且任何公民或警察机关通过诉讼或控诉，都可以向检察官办公室报告可能构成犯罪的事件。检察官拥有的职权包括：（1）犯罪通知和调查权。警察机关必须向检察官报告相应的违法犯罪行为，告知相关的事实、收集的证据以及已经开启的调查，检察官随即接管调查工作，包括但不限于搜查地点、扣押物品、电话窃听、讯问当事人和询问证人等，这些调查措施除法定限制外，同样可以委托给警察机关办理，但须有检察官发出的具体指令。（2）强制调查权。检察官若发现有足够的证据证明相关事实是不利于行为人的，且存在合理的逃跑风险，可以临时逮捕行为人，但 48 小时内必须请求法官批准逮捕并下令拘留。（3）自由裁量权。检察官办公室行使自由裁量权决定哪些案件需要优先调查及起诉，从而达到减少工作量、节约时间与资源、更有力地打击重大违法犯罪的效果。（4）起诉、与被告辩诉交易和其他特殊程序。所有必要的调查均是为了了解罪行是否实际发生、确定嫌疑人以及搜集证据，以便提交给法官进行可能的审判，由此而展开的最长调查期限是由法律规定的，一般为 6 个月，需要的情况下可以再延长 6 个月，而后必须提起诉讼或者决定终止调查。在审判中，检察官可以与被达成协议，即根据辩护方的请求施加惩罚，达成双方同意的量刑协议，法官予以接受。

作为不依附于行政当局的司法机关，检察系统具有独立、公正开展反腐败调查的能力。同时，法律素养较高的检察官队伍也能更好地运用各种反腐调查手段。因此，检察系统一直是意大利反腐调查的重要力量，尤其是在涉及高级官僚时，其不偏不倚的立场和坚定的反腐态度为反腐败调查的推进提供了坚实的基础。如在“净手运动”中，最先发起调查并持续跟进的就是检察官迪彼特罗。2014 年，威尼斯检察官办公室对威尼斯地区的高级官员和商人开展了反腐败调查，主要涉及“摩西”项目即保护威尼斯免受涨潮影响的大坝项目的公共资金，最终发现了 19 名腐败行为人，包括

1名前议会议员和经济部顾问。同年，罗马检察官办公室也开展了反腐败调查，着重调查罗马市即将开始的移民援助活动，最终捕获了44人，有41人被法院定罪[1]。

（四）警察机关的腐败犯罪侦查权

意大利警察组织种类和人数众多，各部门间分工明确。其中，参与刑事诉讼的警察被称为司法警察（Judicial Police），此外还有财经警察、国家警察和宪兵。这些警察机关也是行使反腐败职能的主要机关。司法警察受所属检察官办公室和警察机关的双重领导，在性质上属于行政机关的行政人员。

财经警察（简称GdF）是为审计法院提供执法的主要机构，审计法院是意大利长期以来用以揭露和打击滥用政府资金的机构。财经警察是经济和财政部下属的警察队伍，且是一支军事化的警察队伍，负责控制公共收入和对金融犯罪的调查，包括贿赂、洗钱、偷税漏税、金融犯罪、网络犯罪及法务会计等专业调查，逐渐发展成意大利打击非法毒品交易的主要机关[2]。财经警察包括警官、检查员、主管、警士及稽查员等，还有辅助和志愿人员。在面对腐败这一隐蔽性强的犯罪时，长期从事经济领域调查的财经警察发挥着很大的作用。相比检察机关，财经警察的侦查力量更为充实[3]。

国家警察（简称PdS）负责维护公共秩序，可以调查辖区内包括经济犯罪在内的所有类型的犯罪，但主要负责处理对社会和经济活动危害较大的犯罪活动。国家警察在调查过程中可以使用各种手段对当事人的一般状

---

[1] Legale Pisano："Spotlight：anti – bribery enforcement in Italy"，载LEXOLOGY，https：//www. lexology. com/library/detail. aspx?g = 32670459 – d66d – 4975 – 90f0 – 4957d5299ee6，访问日期：2022年11月8日。

[2] Guardia di Finanza，载维基百科，https：//en. m. wikipedia. org/wiki/Guardia _ di _ Finanza#Territorial_organization，访问日期：2022年12月12日。

[3] 李钢：《意大利经济和财政警察》，《现代世界警察》2018年第5期。

况进行调查，如存款、税单、报表、用电量、奢侈品保有量等，还可以实施包括监听、查阅文件、寻找证人在内的其他手段。国家警察由中央和地区两部分组成，而且还有细致化分类，分为交通、铁路、邮政、移民、边防和通信警察等❶，且根据规模的不同、内部组织复杂和多样化，每个省都有一个警察总部和国家警察的其他办公室。

宪兵队（简称 AdC）则隶属于国防部，是一支军事力量，具有维持治安和犯罪调查职能❷，主要负责处置涉及公共健康、产品生产的腐败案件，除此以外的其他相关业务则归卫生部管理。并且按照规定，宪兵机关在国防部处下设的宪兵队警察的首脑机关，除了接受司法委托之外，还需要通过 24 小时热线电话接受公众的举报。

2018 年，在罗马建造新体育场的丑闻中，意大利财经警察以涉及腐败指控为名逮捕了包括拉齐奥地区的某领导人、一名民选委员会成员以及一家市政电力公司的负责人在内的三人和涉案的其他六人。近年来，司法警察还与反腐败局保持密切合作关系，如 2013 年以腐败和“对欧盟的欺诈”为由调查并逮捕了 17 名涉案人员，扣押了 2800 万欧元的资产。而在随后的 2015 年，还揭露了涉及 3 亿欧元的社会保障和医疗保健欺诈案以及 10 亿欧元的公共采购合同以及其他违规行为，该调查还导致 1400 多人因采购合同欺诈而受到刑事指控。

（五）反黑手党检察官办公室的腐败犯罪侦查职能

黑手党是指源于意大利西西里岛的有组织犯罪集团，被众多和黑帮家族控制，其影响力遍及意大利，甚至蔓延至世界各地❸。1991 年 11 月，为

❶ Polizia di Stato，载维基百科，https：//en. m. wikipedia. org/wiki/Polizia_di_Stato#Headquarters_organization，访问日期：2022 年 12 月 12 日。

❷ Carabinieri，载维基百科，https：//en. m. wikipedia. org/wiki/Carabinieri，访问日期：2022 年 12 月 12 日。

❸ Petia：All About the Italian Mafia，载 discoverwalks，https：//www. discoverwalks. com/blog/all - about - the - italian - mafia/，访问日期：2019 年 11 月 30 日。

了加强对黑手党犯罪的打击效率以及保障对此类案件初步侦查活动的协调性，意大利在检察系统内设立了专门的反黑手党检察官办公室（Anti - mafia Prosecutors' Office），在最高检察官办公室内设立全国反黑手党检察官办公室，在各地区检察官办公室内设立反黑手党检察官办公室，取代了普通检察办公室对黑手党犯罪案件的侦查管辖权。同时，由全国反黑手党检察官办公室负责协调意大利境内对黑手党和有组织犯罪的侦查活动，其检察长有权制定具体的协调方针，召开有关的协调会议解决矛盾，在特殊情况下还有权将案件交给其他检察官办公室进行调查。

近年来，反黑手党检察官办公室大力开展反腐败调查，加大力度打击黑手党涉及的腐败、贿赂案件。2014 年，一名黑手党老大向法官和律师支付了 25 万欧元，目的是逃避一起双重谋杀案的裁决，检察官办公室依法调查后，其承认行贿事实与行贿目的是为了被判无罪❶。2019 年，在调查“热那亚莫兰迪大桥重建项目”中发现，施工总承包方和下属 108 个机构遭黑手党渗透，共查处涉案人员高达 387 人、涉案施工单位 57 家❷。2020 年 11 月 19 日，全国反黑手党检察官办公室将卡拉布里亚大区主席逮捕，并指控其与黑手党成员相互合作勾结，还胁迫多名行政人员，多次滥用公权给予黑手党庇护与关照，且成功窃取了 2014 年卡拉布里亚大区的选举成果❸。

四、意大利反腐败调查机制的特点

腐败问题困扰意大利已久，至今仍然不时爆出腐败丑闻，民众对意大

---

❶ 《黑手党向法官行贿 25 万欧元以“解决”谋杀案》，载 THE LOCAL，https：//www.thelocal. it/20140619/mafia - paid - judge - 250k - bribe - to - fix - murder - case/，访问日期：2014 年 6 月 19 日。

❷ 《意热那亚大桥重建工程遭反黑手党调查 387 人涉案》，载中国新闻网，https：//baijiahao. baidu. com/s?id = 1649602421723201153&wfr = spider&for = pc，访问日期：2019 年 11 月 8 日。

❸ 《意大利卡拉布里亚大区主席被捕，涉染指黑手党操控选举》，载搜狐网，http：//www. sohu. com/a/433035663_120020524，访问日期：2020 年 11 月 20 日。

利腐败状况也已经麻木。尽管意大利也确实建立了相应的反腐制度，且与时俱进、逐渐完善。目前建立起的反腐调查体制并不能从根源上铲除腐败滋生的因素，这也是反腐进程缓慢的重要原因。当然，意大利在反腐败斗争中的作用和成绩依然是有目共睹的。

（一）反腐调查机制收效甚微

意大利的反腐败机构一直都面临着中央政府薄弱、地方“忠诚度”强大以及深厚的腐败历史和文化根源等挑战。为了应对复杂背景带来的艰巨挑战，意大利颁布了相关的反腐败法律，设立了多个反腐败调查机构，其中包括专门的独立行政执法机关反腐败局，其在预防腐败与打击腐败两方面都有相应的功能与法律效果；专门监督公职人员的公务员监察局，力图打造包围腐败行为、清除腐败氛围的清廉公职体系；检察官办公室承担着司法领域腐败侦查的重大任务；警察机关本就是打击违法犯罪活动的主体，在反腐败犯罪中也自然起到了重要的作用；独具特色的反黑手党检察官办公室则专门打击黑手党涉及的腐败违法犯罪案件等。以上机关既相对独立地履行各自的反腐败调查任务，也相互联合、相互协作侦破腐败案件。这些机关确实发挥了较大的作用，清除了一定数量的腐败行为，但事实上，意大利的腐败情况仍然十分严重，清廉指数与国际排名连年低迷也证实了这一点，这就显得反腐调查体制的作用微乎其微，这与意大利腐败根深蒂固离不开关系，现行的反腐调查机制尚不能有力地动摇腐败根基。

（二）反腐初查制度有助提高效率

意大利《刑事诉讼法典》主要从调查程序、部门分工上对反腐败调查作了规范。一是在侦查上落实“二步法”，分初步侦查与正式侦查两个阶段。初步侦查是指在收到有关违法犯罪线索时，用较短时间进行调查活动，以确认是否有继续侦查的必要，此阶段由具有调查职能的司法警察负责，比如财经警察、国家警察和宪兵，正式侦查则由检察官办公室负责领导，可以由检察官直接侦查，也可以委派司法警察予以侦查。二是规定了初查阶段的时间，即初查必须在48小时内完成，而后必须向检察官办公室移交初查阶段收集到的任何与案件相关的材料与证据。这可以有效避免司法警察延拖案件侦查的时间，从而加快侦查节奏。三是初步侦查必须遵循严格的程序规定。如司法警察必须毫无保留地移交案件材料；讯问犯罪嫌疑人必须有律师在场；实施窃听前需获得批准；等等。

反腐初查制度是为了防止检察官办公室或司法警察在显然不存在腐败或腐败可能性较低的案件上耗费人力、精力与财力，从而在正式的侦查前设置过滤器，筛选出符合条件的案件，这大大提高了反腐调查的效率，节省资源利用。同时，对初查制度的严格规定也可防止司法警察滥用调查权，使得案件初查能够真正起到上述作用，侧面上减少了司法警察的腐败衍生机会。

（三）反腐调查监督体系较为完善

意大利的反腐败调查具有较强的司法属性，因此，刑事司法制度中的监督在所有形式的监督中占最主要地位。意大利在司法部的领导下建立了包括反洗钱机构、财经警察、宪兵和国家警察等多种专业化机构分工合作打击腐败的制度体系，实施监督的主体则分别是检察官办公室和法院。首先，在检察官办公室的监督方面，根据法律规定，司法警察在办理各类刑事案件时，必须通知检察官，检察官有权指挥或者直接参与侦查活动；同时，若司法警察调查的案件符合法定条件，检察官经审查后也需提起公诉，这同样对案件的侦查起到了监督的作用。其次，法院的监督主要体现在司法审查权上，即法院法官有权决定批准或审查相关的强制性措施，如强制侦查、逮捕、拘留、羁押、窃听以及变更、撤销以上措施等。

同时，意大利通过权力分配和相互制约强化了对行政领域反腐败调查的监督，这也是预防腐败的重要方式，主要通过以下几个途径实现：（1）议会监督。在意大利的议会共和制下，议会能够通过立法权和重大政策审批权对行政权力进行制约，也可以通过质询、调查、不信任投票以及弹劾等方式对政府及其官员进行监督，这同样能够对行政领域的反腐败权实现监督。(2) 司法监督。宪法法院除了监督和裁决各种违宪案件以外，还可以审判和判决政府总理和部长的渎职和滥用权力罪，因此，法院上下级之间也会在职权上形成监督，从而对打击行政领域的腐败调查也形成监督。

(四) 部分反腐调查机关具有地域特色

反黑手党检察官办公室建立后大力开展反腐败调查，并逐年加大力度打击其所涉及黑手党的腐败、贿赂案件。当然，反黑手党检察官办公室并非完全垄断对黑手党犯罪活动的侦查与起诉，警察机关、普通的检察官办公室仍然可以对这些犯罪进行相关的案件侦查。如 2019 年年底，警察机关便在一次行动中突然袭击黑手党组织"光荣会"，逮捕多达 334 人，其中包括 1 名前议员、1 名市长，甚至还有 1 名警长，涉及腐败、谋杀、勒索、洗钱等罪名。这也是开展黑手党清剿活动 30 年以来最大规模的反黑手党运动[1]，可见意大利扫灭黑手党的坚定决心。

意大利作为高度发达的资本主义国家，是欧洲四大经济体之一，其实体经济发达，服务业发展迅猛。同时，意大利首都罗马在几个世纪以来都是西方世界的政治中心，孕育出璀璨的罗马文化和伊特拉斯坎文明，至今拥有着最多的世界遗产，但也面临着自然资源缺乏、基础设施老化、巨额赤字和公共债务等一系列重大问题。在这样一个全方面发展的国家里，腐败根植于历史文化确是其国内上下的共同认知，群众在对腐败感到厌恶的同时，仿佛也习以为常。

意大利在面临腐败所带来的巨大挑战时，先后修订了基本法律，将腐败行为及其法律后果都明文规定于各部门法中，还制定了《反腐败法》专

[1] 《意大利 30 余年来最大规模对黑手党判决，200 多人被判入狱》，载新京报，https：//m. bjnews. com. cn/detail/1700572402169131. html，访问日期：2023 年 11 月 21 日。

门针对腐败行为，并缔结了许多国际反腐败条约，与各国共同打击跨国腐败行为。同时，意大利调整、建立了许多反腐败调查机关，如根据《反腐败法》专门设立的反腐败局，监督、调查公职人员不当行为的公务员监察局，司法机关检察官办公室和警察机关依旧扛起反腐败案件侦查重任，反黑手党检察官办公室专门打击黑手党涉及的腐败违法犯罪案件，等等。这些机关并非孤军奋战，而是彼此协作、共同攻破腐败问题，携手推动反腐败的艰难进程。然而，意大利的腐败已然根深蒂固，各个领域的腐败丑闻从未中断，已有腐败前科的公职人员还能重登高官舞台，甚至可以再次参加总理选举，群众对腐败早已斯空见惯，清廉氛围更是不知何时重现。意大利如今的反腐体制无法动摇腐败根基，只是在皮毛上动动手脚。为此，意大利必然需要重新整顿反腐机构，从自身国情出发，以历史与文化为基础，制定更贴合国家实际情况的法律规定，建立能够真正触及腐败根源并予以有力整治的法制队伍，只有这样，反腐工作的开展才有未来。

第八章　印度的反腐败调查机制

印度是社会财富分配极度不平衡的发展中国家，经济水平、科技实力、军事储备等较为落后，腐败丑闻也时有发生。博福斯军火案等重大腐败案件，使得印度逐渐变成世界上腐败相当严重的国家，2007 年发生的部长非法发证案还被美国《时代》杂志评为全球第二大滥用职权案。再比如 2016 年，印度与法国签订购买 36 架阵风战机的军售合同，金额高达 88 亿美元，远远超出了战机价格与其他必要费用的总和，法国反腐败局调查后，发现是一家印度公司从中创造机会以成功缔结巨额合同。印度议会遂要求时任总理与人民党予以解释，但遭到否认与反击，印度最高法院也驳回了对此案的相关诉讼，88 亿美金的去向却无人可知。民众认为当今的印度并没有强大的能力以追查贪腐的高管们❶。诸如此类的案件仅仅是印度腐败问题的冰山一角，这些问题也日益危害印度民众的正常生活，引起了印度全国上下声讨腐败的舆论。总理莫迪上台后，也宣布了打击腐败的“新政”，但这些政策对于根深蒂固的印度腐败而言，也只是皮毛功夫。

一、印度的反腐历程与腐败问题

长期以来，号称“世界上最大民主国家”的印度在清廉指数方面保持着低位平衡，近些年来均在 40 上下浮动，国际排名的名次介乎 78 ~ 86 之间（见表 8 – 1）。印度的腐败丑闻连年不断，高官贪污的巨额案件屡屡出

❶ 《法国正式调查印度购买“阵风”战机交易，印媒：涉嫌腐败和厚颜无耻偏袒》，载中国网，http：//military. china. com. cn/2021 – 07/07/content_77610317. htm，访问日期：2021 年 7 月 7 日。

现，公共部门的腐败现象也频频发生。由此可见，印度的反腐败成效甚微。

表 8-1 印度 2016—2021 六年间在“国家清廉指数”的排名

年份	清廉指数	国际排名
2016	40	79
2017	40	81
2018	41	78
2019	41	80
2020	40	86
2021	40	85

印度独立后，经济高速发展的同时，本就严重的腐败现象却与日俱增，各个领域的腐败大案逐一曝光。印度是联邦制，同时强调地方自治。在经济上，各级政府和国有企业发挥着关键作用，在国防、教育、民航、铁路（几乎垄断）、基础设施和医疗保健等多个部门拥有着巨大的商业规模。因此，在印度开展业务不可避免地会与政府进行各种形式的互动。此外，一些针对企业运作管理而制定的法律往往赋予了政府工作人员相当大的自由裁量权，使得单个业务实体受到中央、州和地方法规的约束，这些法规还要求批准政府能够享有业务运营、合规的定期报告和检查权，并赋予各级政府官员行使个人自由裁量权。所有因素都可能使经济实体在与政府互动时，既浪费时间又缺乏确定性，且十分容易产生商业贿赂的情况。

印度的民主政治环境较为恶劣。20 世纪 80 年代后，印度进入多党联合执政时期，一党独大的局面不复存在，地方势力迅速壮大，国内逐渐形成“多首之邦，而非多邦之首”的局面，这使得领导层难以凝聚起遏制腐败的坚定意愿。如电信部部长腐败案直到 2008 年才曝光，但自曝光后便悄无声息，两年后才被调查清楚，其主要原因就是因为国内多个大党担心调查此事会触及其所在的政党从而导致执政联盟分崩离析。“西式民主”选举政治的简单沿袭，也为印度腐败的滋生提供了土壤，因为选举发生的贿赂选举、贿赂议员、收买票数、裙带关系等行为愈加严重。英国《金融时报》的报道也宣称，在其他国家，显赫的家族背景会给政客们一定的帮助，而在印度则代表着必然的成功。针对这样种种乱象，印度学者一针见血地指出，印度学习英美国家政党通过选举轮流执政，结果在英美催生出了违宪审查、三权分立制度，在印度却产生了一堆“蛀虫”❶。

印度的反腐败机制建设与现实严重脱钩，调查缺乏制度保障，“反腐禁区”频现。印度并没有专门的反腐败机构，实际上有如包括中央警戒委员会（Central Vigilance Commission，简称 CVC，又名中央监察委员会）、中央调查局（Central Bureau of Investigation，简称 CBI）等在内的诸多监督机构行使反腐败职能。但是，中央警戒委员会也只是监督机构，仅有权提建议，而无权处理与惩处腐败官员。加之中央调查局隶属于警察系统，在履行职务过程中很容易受到政治压力的干扰，且长期面临人员短缺和经费不足问题。实际上，为了加速该类案件审理进度，印度还成立了特别法庭，专门负责审理中央调查局查处的腐败案件，但其效率并非所预想的那样。据统计，截至 2013 年 1 月，全国特别法庭共有 9927 件腐败案件等待审判，其中 2245 件被搁置 10 年以上。对此，不少印度专家指出：“在家族政治和裙带之风盛行的印度，若想真正治理腐败、破除各种利益集团组成的千丝万缕的关系网，没有一个权力相对较大的反腐败机构是绝对不可能的，因为当惩罚来得既不快又不够有力时，不诚实行为肯定无法被有效阻挡。”❷

落后的文化传统和腐败文化也渗入印度的社会生活，严重困扰民众的生活，但却难以激起强烈民愤。在社会文化方面，印度独立后保留了大量的传统因素，在许多方面存在的公私观念并没有得到合理界定，民众往往会把现代政府的职责与传统社会的恩赐观念掺杂在一起。印度宗教中最为突出的是印度教，其所带来的种姓文化是全世界独一无二的文化遗产，虽

❶ 《印度：腐败成为国家经济繁荣的最大威胁》，载《中国纪检监察报》，https：//www.ccdi.gov.cn/lswh/hwgc/201308/t20130819_121767.html，访问日期：2013 年 8 月 22 日。

❷ 《印度：腐败成为国家经济繁荣的最大威胁》，载《中国纪检监察报》，https：//www.ccdi.gov.cn/lswh/hwgc/201308/t20130819_121767.html，访问日期：2013 年 8 月 22 日。

然 1947 年已经彻底终结其法律地位，但仍然无法消磨它在民众内心的印象。种姓文化将印度人民划分为四个等级与“贱民”阶层，使得印度人民有很强烈的等级感，因此，对“高等级”的公职人员以及高官主动行贿的行为已经见怪不怪。2019 年，印度总理莫迪组建了新的内阁，其中 58 位新上任的部长中 55% 拥有高种姓，这引起了《印度时报》的激烈愤懑，但民众却没有给予强烈的不满反应，最终内阁的组成人员没有进行任何修改。[1] 此外，印度教还将所有神明都收揽其中，这些神明既可以是不同的神，但在成熟的印度教徒眼里，这些神都合为了同一个神。为此，印度教具有高度的混合性与包容性，其超自然中心主义的教义形成了整个印度惠顾型的社会关系，使得民众对腐败行为也具有较大的容忍能力[2]。至今，印度仍然深受传统文化的不良影响，全国上下都对腐败较为麻木，难以形成反腐败的社会清廉氛围。

二、印度的反腐败法律规定

印度解决腐败问题的三个主要法律框架是《防止腐败法》（*Prevention of Corruption Act*）、《洛克帕尔和洛卡尤塔斯法》（*Lokpal and Lokayutasfa Act*）和《公司法》（*Company Law*）。除上述法律之外，《刑事诉讼法》《印度合同法》和《防止洗钱法》等法律还对腐败行为进行了进一步细化。常设仲裁法院规定的罪行包括：（1）公务员获得不应有的好处，不诚实地履行或履行公共职责不正当；（2）公务员失检的犯罪行为（包括拥有不成比例的资产）；（3）先前已经被定罪后犯下任何后续罪行。除上述罪行外，常设仲裁法院还将利用影响力或利用中间人收受任何不当利益而导致不正

---

[1] Union Cabinet 2019：PM tries to accommodate most castes，载 THE TIMES OF INDIA，https：//timesofindia. indiatimes. com/india/union – cabinet – 2019 – pm – tries – to – accommodate – most – castes/articleshow/69589639. cms，访问日期：2019 年 5 月 31 日。

[2] 《印度现代化进程中的反腐败困境》，载中央纪委国家监委网，https：//www. ccdi. gov. cn/lswh/hwgc/201307/t20130711_121739. html，访问日期：2013 年 8 月 4 日。

当或不诚实地履行公共职责的行为定为刑事犯罪。《常设仲裁法院法》还对例外情形作出了规定，即如果被指控提供不应有优势的人被迫给予不应有优势，并愿意在给予不应有优势之日起七天内向执法当局或调查机构报告此事，则该人享有豁免权。

与此同时，印度也积极参与国际反腐工作，作为联合国《反腐败公约》的签约国之一，积极将公约内容规定于国内法律中落实[1]，也已经成为G20二十国集团反腐败工作组的成员。下面对印度三个主要的反腐败法律进行介绍。

（一）《防止腐败法》

1988年，印度议会颁布了《防止腐败法》，目的是打击公权力部门与公共部门企业的腐败行为。该法案第一章是定义，最主要的定义是“公务员”和“不正当利益”。“公务员”一词涵盖范围很宽泛，包括为政府、地方当局、法定公司、政府公司或政府拥有、控制或援助的其他机构服务或领取报酬的人以及接受国家财政援助的机构的法官、仲裁员和雇员。“不正当利益”包括贵重物品、合法报酬以外的报酬等，并将获取和给予公务员“不正当利益”定为刑事犯罪，个人和公司也可能因常设仲裁法院规定的罪行而受到惩罚；第二章是特别法官的任命及程序、权力；第三章规定了相应的罪行和处分，包括主动和被动贿赂、利用影响力收受贿赂、教唆贿赂、个人或商业组织提供贿赂、非法收受贵重物品、不履行公职等行为均定为刑事犯罪；第四章是调查。由于《防止腐败法》的成效不大，2018年，其修正案正式生效，并融入了联合国《反腐败公约》的相关内容[2]。目前，这部法案也成为腐败定罪的重要依据。如2022年，有举报

---

[1] 《“穷追猛打”式的腐败治理之路——金砖国家如何应对腐败高发期系列报道之印度篇（下）》，载共产党员网，https：//news.12371.cn/2013/06/13/ARTI1371108074366759.shtml，访问日期：2013年6月13日。

[2] 《1988年防止腐败法》，载维基百科，https：//en.wikipedia.org/wiki/Prevention_of_Corruption_Act，_1988，访问日期：2022年12月18日。

人称印度某食品公司的仓库经理向其索取贿赂，目的是不标记出每月向公司工人支付工资的不正当书面记录，中央调查局迅速以该法案中的贿赂罪立案，目前仍然在调查中[1]。

（二）《洛克帕尔和洛卡尤塔斯法》

2013年，议会通过了一项反腐败法案《洛克帕尔和洛卡尤塔斯法》，并赋予专门机构——洛克帕尔（梵文：Lokpal，译为“人民的捍卫者”或“人民朋友”）以专门调查重要高官的腐败案件，包括但不限于内阁部长、国会议员、总理、中央政府的重要公职人员。中央机构洛克帕尔和地方机构洛卡尤塔斯（Lokayutasfa）这两个特别机构自1963年首次提出，目的是为了解决民众的不满，但很显然，建立之后并未有效实现其反腐功能。而这部法案是反腐败斗士安娜·哈扎尔及同伴所领导的大规模公众反抗腐败活动后所提交给议会的，也是印度民众讨论最为热烈的法案之一，法案包括的内容有简介、洛克帕尔的定义和组成、洛卡尤塔斯的建立，重新赋予这两个机构反腐的职能。

（三）《公司法》

《公司法》的概念取自于英国公司法，最初取名为《股份公司法》，在多次修改后，于1956年通过《公司法》，后随着公司数量逐渐增长与业务规模变大，又经过多次修订，于2013年通过新的法案替代旧法。《公司法》将“公司”定义为根据现行公司法或之前的公司法成立或注册的实体，也即符合上述条件的主体将由该法规制，规定了法定义务以及可能存在的腐败问题。

《公司法》为公司实体的运行提供了庞大的法律框架。同时，该部法

---

[1] FCI Depot Manager arrested by CBI for demanding bribe，载 THEHINDU，https：//www. thehindu. com/news/cities/Visakhapatnam/fci－depot－manager－arrested－by－cbi－for－demanding－bribe/article65867279. ece，访问日期：2022年9月9日。

律还通过规定保护举报人机制、行业行为守则以及任命公司董事会的独立董事，确立了解决私营部门腐败问题的规则。然而，相应的政府监测机制虽已建立，但迄今尚未能够实施。此外，该法律中提及的举报人保护制度是否已经建立目前尚不清楚。[1]

三、印度的反腐败调查机制

在印度联邦一级，具有反腐败职能的机构主要有中央监察委员会（CVC）、中央调查局、审计长办公室（CAG）、严重欺诈调查办公室（SFIO）、洛克帕尔。邦级反贪部门主要有反贪局和洛卡尤塔斯。邦级部门由各邦自行成立，机构设置复杂，所以下文仅介绍中央一级的机构。

（一）洛克帕尔的反腐调查职能[2]

洛克帕尔是代表印度共和国公共利益的反腐败机构和监察机构。根据2013年《洛克帕尔和洛卡尤塔斯法》成立的洛克帕尔是印度的第一个独立的反腐败监察机构，负责调查和指控属于法案范围内公职人员的腐败，为公共利益服务，运用法律赋予的权力，根除公共生活中的腐败现象，同时，法律还将中央调查局置于其监督之下。

洛克帕尔由1名主席和最多8名成员组成，其中4名是司法成员，从现任或前任最高法院的法官和高等法院的首席法官任命，其余4名是非司法成员，从各个领域拥有不少于25年专业知识的优秀人才中任命。同时，为了保障平等及照顾劣势地位群体，成员中至少一半来自落后阶层或少数民族、妇女等。[3] 主席和成员由印度总统根据他的授权令和印章任命，任

[1] Introduction To Company Law，载印度法律网，https：//theindianlaw. in/introduction – to – company – law/，访问日期：2022年4月4日。

[2] Lokpal的管辖范围和职能，载Lokpal官网，https：//www. lokpal. gov. in/?about_us?Jurisdiction_and_Functions_of_Lokpal?0103，访问日期：2022年12月19日。

[3] Lokpal，载维基百科，https：//en. wikipedia. org/wiki/Lokpal，访问日期：2022年12月19日。

期五年，主席的薪金、津贴和其他服务条件与印度首席大法官相同，议员的薪金、津贴和其他服务条件与最高法院法官相同。洛克帕尔拥有两个主要分支机构，分别为行政部门与司法部门，这两个分支协调履行该机构的职能。行政部门由相当于政府秘书级别的官员领导，但负责调查、起诉的内部部门由不低于政府附加秘书级别的官员领导；司法部门由适当级别的司法官员领导，协作司法职能的履行。所有行政和司法职能都能通过申请减缩工作流程得到简化[1]。

根据《洛克帕尔和洛卡尤塔斯法》，投诉的内容必须涉及《防止腐败法》中的罪行，但对投诉的提出主体并未作出明确限制。投诉人和其他有关方面将通过短信或电子邮件的方式说明各自案件的状况，投诉也应按规定形式提出，以便及时收悉通知。洛克帕尔在收到投诉后，可命令其调查部门或任何其他机构进行初步调查，或在有初步证据的情况下将其转交给包括中央调查局在内的任何机构进行调查。但是，洛克帕尔在指令其他机构进行调查之前，应要求涉案公职人员做出解释，以确定案件是否存在确凿的初步证据。在调查过程中，洛克帕尔不得干扰调查机构可能进行的任何搜查和扣押，以保证调查的独立性与公正性。此外，在案件涉及中央政府的公职人员时，洛克帕尔应先向中央警戒委员会提交投诉，随后再由中央警戒委员会向洛克帕尔发送一份报告，指出涉事官员编制归属，并根据《中央警戒委员会法》进行打击。调查部门或任何其他机构必须在60天内完成初步调查，并向洛克帕尔提交报告，且在提交报告之前，必须征求公职人员和所属主管机关的意见。

而后，洛克帕尔应对初步调查报告进行审议，决定是否应进行调查，并为被控腐败的公职人员提供辩护机会。除上述权力外，洛克帕尔还可以指令相关机构进行全面调查，或直接启动部门诉讼或结束诉讼，但如果指控是虚假的，也可以对投诉人提出起诉。初步调查通常应在收到投诉后的

---

[1] 《组织机构》，载Lokpal官网，https：//www. lokpal. gov. in/? about_us? organization_structure?0105，访问日期：2022年12月19日。

90天内完成，调查结束后被指令机关还必须向有关司法管辖区法院提交调查报告，并必须将报告副本提交给洛克帕尔。洛克帕尔至少三名成员组成的法官团会审议该报告，并可能根据该机构的调查报告或起诉书批准起诉，或者要求主管当局采取行动。

早先，有权机关根据《刑事诉讼法》和《防止腐败法》所创设的任命或解雇公职人员的权力对公职人员予以制裁，然而现在这种权力交由洛克帕尔行使。因此，洛克帕尔除享有任命、解雇公务员的权力外，还被赋予了调查过程中的搜查、扣押以及根据《民事诉讼法》所享有的其他权力，而赋予其这些权力的目的是更有效地进行初步调查，即通过调查扣押资产，并采取其他步骤查处腐败案件，达到消除腐败的功能。除此之外，洛克帕尔还有权监督和指导其他任何由中央调查机构处置的腐败案件，包括洛克帕尔交给中央调查局的案件。

洛克帕尔在打击反腐败中发挥了巨大的作用，但也偶受阻碍。2022年8月，人民党一议员投诉印度贾坎德邦的首席部长，称其滥用公共职权以获取巨额不正当利益，长期沉迷于腐败行为，洛克帕尔介入调查并依法提起诉讼。但被调查人对此质疑，认为洛克帕尔开启调查时并不存在确凿的初步证据，且投诉人是基于政治仇恨提出的投诉。高等法院对此审查后曾中止了洛克帕尔提起的诉讼，称需要进一步考虑相关程序是否合法[1]。

（二）中央警戒委员会的行政反腐调查权

中央警戒委员会成立于1964年，是为解决政府的腐败问题而专门成立的高级政府机构，但直到2003年，议会才通过《中央警戒委员会法》赋予其独立的法律地位。中央警戒委员会是印度的最高反腐机构，独立于所有行政部门，不受任何行政机关的控制，享有自主地位并拥有咨询权。中

[1] 《法院：关于前贾坎德邦首席部长的 Lokpal 案不再延期》，载 NDTV，https：//www.ndtv.com/india-news/no-more-adjournments-in-lokpal-case-on-ex-jharkhand-chief-minister-shibu-soren-delhi-high-court-3605561，访问日期：2022年12月14日。

央警戒委员会只对议会负责，没有自己的调查部门，依赖中央调查局和中央组织的首席警戒官（Chief Vigilance Officer）。所有部门、组织的首席警戒官都是在与中央警戒委员会事先协商后任命的，各部门、组织的警戒行政由首席警戒官领导，中央警戒委员会负责监督与建议具体的规划、执行、改革警戒工作❶。中央警戒委员会收到的投诉只要具有警惕性或可核实的指控，便将受到彻底审查，而后转交给中央调查局或首席警戒官对此事进行调查，并迅速向中央警戒委员会报告。

中央警戒委员会的最高领导由中央警戒专员和两名其他警戒专员组成，根据总理、反对党领袖和内政部部长的建议，总统予以任命，任期四年，或从任命之日起至警戒专员年满65岁时止。中央警戒委员会由首席技术审查员联队、部门调查专员联队和秘书处组成，还有首席警戒官和中央调查局作为外部资源。首席技术审查员联队由总工程师管理，帮助提供技术查询、房产评估、案例建议等；部门调查专员联队由董事和副秘书组成调查人员，可以口头询问证人；秘书处由主任、副秘书长、特派员组成❷。

在中央警戒委员会正常管辖下的每个组织都有一个警戒部门，由一名被指定为首席警戒官的高级官员领导。首席警戒官经由中央警戒委员会同意后任命，是中央警戒委员会的一个延伸部门，负责在所有警戒事项上代表中央警戒委员会，相当于高级官员，在每个部门、组织中都有任命，以协助部门、组织负责人处理所有警戒事项。首席警戒官作为警戒者，负责遏制腐败、不当行为、疏忽、浪费和对本组织造成的不当损失，其作用和职能大致分为两部分，即预防性和惩罚性，因而首席警戒官调查腐败的后果也主要体现在惩罚性上❸。这一警戒体系可以通过对不同部门与不同组

❶ Central Vigilance Commission，载维基百科，https://en.wikipedia.org/wiki/Central_Vigilance_Commission，访问日期：2023年1月5日。

❷ 《中央警戒委员会：作用和职能》，载tutorialspoint网，https://www.tutorialspoint.com/central-vigilance-commission-role-and-functions，访问日期：2022年12月13日。

❸ 《首席警戒官的角色和职能》，载CVC官网，https://www.cvc.gov.in/cvos-corner/roles-and-functions#:~:text=The%20Chief%20Vigilance%20Officers%20are%，访问日期：2022年12月21日。

织的官员的警戒，达到对其所在领域的严密监管作用。但同时，由于警戒官在行政上也会受到所在部门首长、组织负责人的领导，“同体监督”的模式使得监督主体和客体都在同一管理范围内，大力节约了中途冗长的监督环节，节省了监督成本，也保证了监督的及时性与直接性，但难免存在自身腐败的现象。

根据1988年《防止腐败法》和《刑事诉讼法》《中央警戒委员会法》，中央警戒委员会有权监督中央调查局调查案件的运作并发出指示；有权询问或根据中央政府的材料进行调查；有权根据收到的投诉进行查询与调查；审查主管当局对相关制裁的进展；对中央政府各部门及其警戒管理部门进行监督；在进行调查时拥有民事法庭的所有权力；就所要求的调查报告提出适当建议；要求调查机关的定期报告、申报和声明[1]。

（三）中央调查局的腐败犯罪侦查权

中央调查局是印度国内负责反腐败调查的主要部门，通常被称为可信任和受人尊敬的机构，隶属于警方。中央调查局的前身是德里特别警察局，于1941年成立，负责调查二战时期的腐败案件，因此，中央调查局也具备警察机关对犯罪的管辖权，其调查案件的权力则来自《德里特别警察机构法》。最初，中央政府通报的罪行只涉及中央政府公职人员的腐败。但在其后，随着大量公共部门的建立，一些事业单位的雇员也被提请中央调查局管辖。并且，在1969年银行国有化以后，公共部门银行及其雇员被纳入中央调查局的管辖范围。目前，根据《防止腐败法》的规定，中央调查局负责对公职人员和中央政府、公共部门企业、公司或政府控制机构的雇员的腐败案件进行调查[2]。

---

[1] 《中央警戒委员会的职能和权力》，载CVC官网，https：//www. cvc. gov. in/?q = about - us/functions - and - powers，访问日期：2022年12月21日。

[2] 《中央调查局》，载BYJUS网，https：//byjus. com/free - ias - prep/central - bureau - of - investigation - upsc - notes/，访问日期：2022年12月21日。

中央调查局被置于人事、养老金和公共申诉部下[1]，内设 11 个部门，如侦查与反贪污部、特殊犯罪部、经济犯罪部等，其有权调查涉嫌腐败的中央各政府部门的案件，但需要在国家的许可下，由政府州一级部门开展，并且最高法院和高等法院也可以指示中央调查局进行调查。与中央警戒委员会一样，中央调查局也有其网站上的投诉渠道，并由其下设的反腐败司负责处理各部门公务员在中央政府领导下的贪污、贿赂和欺诈案件。

中央调查局十分注意情报收集工作，但主要关注的是对现行的贪污受贿行为线索的收集，尤其是发生在政府、大型国有企事业单位和公共部门中的高级官员身上的大案要案。中央调查局收集情报有三种方式：一是通过公民的检举进行。为了让广大人民了解和运用中央调查局这一反贪机构与腐败行为作斗争，印度政府从 20 世纪 70 年代起非常重视通过电影、广播、电视以及印刷品等媒介进行介绍、宣传工作，提高人民的反贪污意识，鼓励他们积极举报腐败行为。二是通过搜集新闻媒体的报道，有关政府官员发言中揭露的问题，甚至包括市民群众的议论，从它们当中发现情报，寻得反腐败的线索。三是借助政府各部门之间传递的信息。这种信息种类繁杂，但也是中央调查局反腐败的一个情报来源，对这些部门传递的信息予以追踪和挖掘，也可能发现腐败分子。除此之外，中央调查局还着重于掌握公务人员的财产状况。政府或政府授权机关可随时下达命令，要求文官人员在命令指定期间，按命令指明的内容完整阐明他本人及家族成员拥有和取得的动产与不动产。显然，这些文官人员的财产状况也能够成为中央调查反贪污的可靠情报之一。

2022 年 5 月，中央调查局便凭借着内政部提供的内部信息成功逮捕腐败犯罪分子。中央调查局获取信息后在全国多处进行搜查，查获现金 3210 万卢比以及用于犯罪的手机与文件，逮捕涉及接受贿赂以非法提供许可、为流入营利性组织的外国资金提供便利、与中间人串通以非法注册组织等

---

[1] 《中央调查局》，载 STUDYIQ 网，https：//www. studyiq. com/articles/central - bureau - of - investigation/，访问日期：2022 年 9 月 20 日。

的公职人员 14 名，起诉了包括前列人员在内的 36 人❶。

中央调查局在调查开始之前，会对涉嫌腐败对象实行监视。中央调查局会单独提出或者与有关部门共同拟定有腐败嫌疑的官员名单，而后对其进行重点监视，既包括其所有资产的来源调查，也包括生活方式和与嫌疑对象的接触。如果在监视过程中发现腐败相关事实和证据，则将立即启动调查程序。调查一般由初步调查和立案调查两种形式构成。中央调查局各工作部门无须经总部同意即可自行对一般官员进行初步调查，调查应在合理期限内把情况报告总部。初步调查结束后，调查人员应向负责人提出书面报告并询问下一步行动建议，负责人决定是否进行立案调查，并将材料与决定一并上报总部。需要注意的是，对于高级官员和涉嫌勾结政府官员作案的议员以及重要组织，不论是进行初步调查还是立案调查，具体工作部门都必须征得总部的同意。立案调查是在调查人员认为被调查人已经构成犯罪，并取得其犯罪的直接证据材料的情况下，正式立案进行调查。在调查结束以后，如工作部门决定对一般官员起诉，其最后报告将直接呈送给被调查者的主管当局，并征得其同意。若达不到刑事制裁标准，可直接向主管当局建议给予行政处分，但如果有关主管当局不同意中央调查局的处理建议，则由相关工作部门将其建议提交给中央警戒委员会综合考虑后，直接向该主管当局提出处理建议❷。

中央调查局对犯罪的管辖权需要取得州政府的普遍同意，即事先取得同意后才可以对州领土范围内的腐败犯罪进行调查，事实上，大多数州政府均普遍同意中央调查局的管辖权。除此之外，最高法院和高等法院有权命令中央调查局在未取得同意时对该州的特定犯罪进行调查。但因为政府对中央调查局实施经常性政治控制，使其经常被最高法院描述为“笼养鹦

❶ 《违反〈外国捐助监管法〉，印度中央调查局逮捕 14 人，其中包括 6 名内政部官员》，载缅甸中文网，https://3g.163.com/dy/article/H75RU3OC0534MHMX.html?spss=adap_pc，访问日期：2022 年 5 月 12 日。

❷ 《季美君：“印度的腐败与反腐败：两大反腐机构里应外合”》，载正义网，http://www.jcrb.com/anticorruption/ffpd/201707/t20170725_1779664.html，访问日期：2017 年 7 月 25 日。

鹉，用主人的声音说话”，个别州也撤回了中央调查局对州犯罪的普遍同意，而是需要征求特别同意才可对犯罪进行调查。为了应对这种尴尬局面，政府现在打算给予该机构更大的自主权，以释放其本身所应当发挥的效能❶。

2022 年，中央调查局还在全国范围内开展大规模的反腐败打击活动，在多个州都设置了中间人，并突击检查了 12 家非政府组织，已经抓获了 6 名公职人员。此外，还查获了在地下钱庄进行的非法交易，试图引进外国资金进入非政府组织，经初步调查后，中央调查局重新确定了非政府组织以及相关公职人员的身份，并于今年 5 月 10 日开始新的突击搜查活动❷。

（四）严重欺诈调查办公室的反腐调查

根据 2013 年《公司法》，印度政府于 2015 年 7 月 21 日发出 NO. 2005（E）号通知，正式成立了严重欺诈调查办公室（Serious Fraud Investigation Office，简称 SFIO）。它是企业事务部下属的一个多学科组织，由会计、法务审计、银行、法律、信息技术、调查、公司法、资本市场和税务等多个领域的专家组成，负责侦查、起诉或审查起诉白领犯罪以及欺诈行为。严重欺诈调查办公室由印度政府联合秘书级司长担任主任，其他主任、联合主任、副主任、高级助理主任、助理主任检察官和其他秘书人员负责协助主任开展工作。严重欺诈调查办公室总部位于新德里，设有孟买、新德里、钦奈、海得拉巴和加尔各答五个地区办事处❸。

根据《公司法》规定，中央政府在某些情况下，可以命令严重欺诈调查办公室调查公司的事务。除此之外，严重欺诈调查办公室还被赋予了在

❶ Central Bureau of Investigation，载维基百科，https：//en. wikipedia. org/wiki/Central_Bureau_of_Investigation#Major_cases_solved，访问日期：2022 年 12 月 23 日。

❷ 《印度中央调查局对全国 40 个地方 12 家非政府组织进行突击检查，有官员被捕》，载缅甸中文网，https：//www. 163. com/dy/article/H73F1M4L0534MHMX. html，访问日期：2022 年 5 月 11 日。

❸ About SFIO，载 SFIO 官网，https：//sfio. gov. in/en/about – sfio – history/，访问日期：2022 年 12 月 23 日。

调查过程中进行检查、发现文件、搜查和扣押证据等权力。政府后来还公布了《公司法》中的某些附加条款，赋予了严重欺诈调查办公室逮捕有证据证明犯有《公司法》规定的特定罪行的人的权力。

中央政府可将公司事务的调查权分配给严重欺诈调查办公室，比如，审查登记员或检查员的报告；审查关于要求调查其事务的公司通过的特别决议是否符合公共利益以及应中央政府或州政府部门的要求在收到命令后进行必要性调查。严重欺诈调查办公室主任在认为必要时，也可指定若干视察员进行视察。对公司事务的调查，应按照2013年《公司法》第十四章规定的程序进行。公司、官员和雇员有责任向调查干事提供业务所需的所有信息、解释、文件和协助。在调查结束后，严重欺诈调查办公室应向中央政府提交调查报告。

四、印度反腐败调查机制存在的问题

从表面上看，印度似乎建立起一套较为全面的反腐败体系，既有健全的立法规定作为法律支撑，也有一定数量的反腐调查机构调查、侦查腐败案件，攻破不少腐败案件，印度政府也经常呼吁反腐，表现出很大的决心与信念。然而，印度的腐败情况并没有好转，腐败丑闻频频曝光，腐败不仅没有得到遏制，还越来越严重。

（一）反腐机制协调性不足

迄今为止，印度反腐败机构的反腐败工作仅侧重于执法，只有真正地严格执行反腐败措施，依法惩处贪污腐败的公务员，才会对腐败行为产生威慑作用。由于惩罚犯错者的烦琐程序和惩罚的拖延和淡化，事后惩罚这种方法并没有取得理想效果，反而丧失了其本身所具有的威慑作用。消除腐败，首先需要建立适当且完备的执法机构，或称之为“反腐败基础设施”。然而，从近年损害该国主要调查机构中央调查局信誉的事件中看出，这正是印度反腐败工作的最大弱点。中央调查局主任及其副手向首席警戒专员提出腐败的投诉，导致主任被解职、副手被调职，给该机构带来了巨大的负面宣传。无论上述指控的真实性如何，薄弱的机构设置都有可能减缓或破坏印度的反腐败努力。反腐败工作取得成功的重要条件在于广泛参与性，即需要在所有反腐败机构之间建立协调的关系。然而，迄今为止，这些协调因素一直缺位，比如审计机关已经制作了几份关于铁路、电信等公共部门税务管理的报告，并且这些报告揭露了许多财务违规行为，足以表明对公共开支缺乏监控，但是由于审计机关没有被赋予相应的权力，政府往往未能落实报告中提到的建议。

（二）反腐机构缺乏独立性

印度反腐败机构对腐败案件的查处受行政机关制约较大，不利于反腐工作的展开。例如，中央调查局下属的工作部门在调查工作结束以后，决定对一般官员予以起诉时，需要将其最终报告直接呈送给被调查者的行政主管当局，并征得其同意，这便给行政权干涉反腐败工作提供了机会。反腐败机构缺乏独立性的特点主要体现在其运行机制体制中，尤其是1988年《防止腐败法》所规定的“起诉所需事前批准”程序中。根据该条规定，任何法院除非得到事前批准，无权审理公职人员一定范围内的违法案件，而所谓的事前批准是指须经中央政府或州政府或者有权解雇该公职人员的政府或主管当局的审批。在诸多情况的考量下，这种事前批准程序延缓了对腐败案件的审理，尤其容易为阻碍审理腐败分子而寻找合法借口。而且，由于中央调查局隶属于政府，总会受到政府的影响使得相关工作带有政治性色彩与政党烙印，尤其近年来政党冲突与攻击更加严重，利用中央调查局进行反腐，实际上是攻击敌对党的腐败行为，遮掩自身的腐败行为，久而久之，只会使中央调查局沦落为政党工具，成为行政机关权益争夺的平台，逐步变成腐败官员的保护伞，并成为一些当权者显示自己权势的方式，而反腐败职能则会被逐步架空。

（三）专业反腐调查机构缺位

印度没有一个专业的反腐败调查机构，多年来主要由以公正性和能力著称的中央调查局承担反腐败调查工作任务，但同时它还负责大量普通案件的调查，如杀人案、经济案、绑架案等，这就使得中央调查局无法放更多的精力在腐败案件上。除此之外，最高法院和全国各高等法院也开始将受害方提出的申诉案件委托给中央调查局调查。由此可以看出，中央调查局不仅是印度首屈一指的反腐败调查机构，而且还是具有处理重大刑事犯罪、经济犯罪、银行欺诈和国际联系犯罪的职能机构。加之当前国际社会及印度的重点在于反恐，中央调查局自然将主要的精力都分散于反恐方面，很难集中有限的资源对腐败行为进行治理。洛克帕尔作为反腐败监察独立机构，虽然对腐败案件具有调查权，但更多的是起到领导调查工作与监察的作用，主力还是放在中央调查局身上。同理，中央警戒委员会也依靠中央调查局的调查权，即便分布在每个部门，更有力的是监察与警戒职能，而非调查。所以，印度没有专门的反腐败调查机构，这使得反腐败调查的进程十分缓慢，诉讼过程也随之延长，犯罪人连绵无休的申诉、抗辩也容易逃脱刑事处罚。

（四）调查机构反腐权限不足

中央警戒委员会是一个监督机构，仅享有有限的调查权，虽然其为咨询和推荐机构，但中央政府仍可以在发生腐败时自由选择接受或拒绝其任何建议，使其没有任何裁决职能。中央警戒委员会的权力仅限于对违纪案件进行调查，并不能处理限制在中央警戒委员会管辖范围内的刑事案件。同时，其必须依靠其他调查机构，不能自行调查任何投诉，不能授权或执行任何刑事起诉和制裁，这意味着其反腐败职能缺乏相应的职权，难以落实并取得有效成果。并且，中央警戒委员会对中央调查局拥有监管权，但不能指示其以特定方式运作，也无权任命、调任或停职中央调查局官员。

最高法院也认为，中央政府和中央警戒委员会如何行使其权力以及应施加何种惩罚应该由主管当局予以决定。不难看出，以上规定都削弱了中央警戒委员会的杠杆作用，使得其没有强有力的职权，无法实施有力的措施，并且由于要奉政府命令行事以及尊重主管当局的自由裁量权，无法不受干扰地对腐败问题进行调查与处理。

印度作为世界四大文明古国之一，自 1947 年独立后，快速发展市场经济，成为全球成长最快的新兴经济体。同时快速发展农业、手工艺、纺织以及服务业等产业，拥有庞大的高科技经济和良好的教育体系，逐步成为技术“输出国”。尽管印度的中产阶级在这样的经济环境下迅速增长，但仍然有更多的人生活在贫困潦倒之中，传统文化与落后思想更是困扰着许多民众。腐败文化根植于该国的历史文化中，至今仍危害着印度的各个领域。

印度为了应对腐败问题，建立了较为全面的腐败法律体系。除了有《刑法典》作为基础外，有专门的反腐败立法《防止腐败法》，设置专门的反腐败机构的立法《洛克帕尔和洛卡尤塔斯法》，以及专门针对公司腐败问题的《公司法》。同时，印度也建立了不够健全的反腐败调查机制。洛克帕尔是《洛克帕尔和洛卡尤塔斯法》所专门设立的反腐败监察独立机构，代表印度共和国的公共利益，负责指挥公共利益领域的腐败调查；中央警戒委员会设立于各部门、各组织机构内，对所在组织进行直接、便利的监督与警戒；严重欺诈调查办公室则对应着《公司法》的职权，负责调查白领犯罪和欺诈行为，大力打击公司腐败事务；而中央调查局作为印度的犯罪侦查机关，也是腐败犯罪侦查的重要力量，尤其是印度没有专门的反腐败调查机关，当其他打击腐败的调查机关均没有强有力的调查权时，该机构则成为反腐败调查的主力机关。上述机关在反腐败调查中均难以起到动摇腐败根基的作用，且这些机关本身就遇到调查权不足、行政权干涉的困境，难以真正推进反腐败进程。因此，印度在反腐败的道路上困难重重，势必需要更多努力，才可重新建立更全面有效的反腐机制。

第九章　澳大利亚的反腐败调查机制

澳大利亚是发达的资本主义国家，也是南半球经济最为发达的国家，其四周环海，具备极佳的地理环境。虽然澳大利亚对腐败行为采取的是零容忍政策，其官员也一向清廉，但澳大利亚仍然存在着腐败问题。从20世纪80年代曝光的十年权钱交易、逃税漏税的丑闻，再到2014年经典腐败案“8乘5”窝案、“红酒罗马案”，腐败问题仍然渗透在行政领域各个细微的角落，且在很多时候，许多外界看来的不正当行为，当地民众都不认为这些行为属于腐败。

2017年，澳大利亚税务局副局长被曝光徇私舞弊、滥用职权、协助子女诈骗贪污。起初，其儿子多次利用外包公司为客户处理税款，实际缴纳税款低于应缴税款，在对前述犯罪事实进行调查时，其多次利用副局长的地位恐吓参与调查的税务局公职人员。后查获其名下有大量限量汽车、豪华摩托车、房产、私人飞机、游艇、珠宝首饰等奢侈物品，已然超过正常收入，涉案金额高达1.6亿澳元，这也成为澳大利亚有史以来最大的贪污诈骗案[1]。如今，澳大利亚移民部也频发腐败丑闻，贿赂、滥用职权、非法办理移民证等行为层出不穷。显然，澳大利亚需要重新响起反腐号角。

一、澳大利亚有限的腐败问题

澳大利亚长期以清廉著称，也是世界公认的清廉国家。长久以来，澳

---

[1] 《澳大利亚最大诈骗案！税务高官涉嫌诈骗政府1.65亿澳元》，载人民网，http://world.people.com.cn/n1/2017/0519/c1002-29286090.html，访问日期：2017年5月19日。

大利亚在清廉指数上一直保持着高位平衡，分数平均在76~77分之间，国际排名也在10~20名之间波动。但2021年的清廉指数突然有了较大程度的下降，从77分直接减少4分至73分，国际排名也从近几年较高的11名掉落至18名（见表9-1），澳大利亚2021年的腐败情况有所加剧，在如此清廉的国家，这就显得尤为突出。

表9-1　澳大利亚2016—2021六年间在“国家清廉指数”的排名

年份	清廉指数	国际排名
2016	79	13
2017	77	13
2018	77	13
2019	77	12
2020	77	11
2021	73	18

澳大利亚是众所周知的移民国家，其优越的地理环境、高度发达的经济、完善的保险和教育体系以及较高的生活质量吸引着各国移民。18世纪80年代，澳大利亚被英国政府当成囚犯流放地，第一批英国囚犯建立了第一个永久定居点，英国逐年扩大在澳大利亚的殖民地。与此同时，英国殖民队伍的到来也开发了澳大利亚的自然资源，如鲸鱼产业一度成为澳大利亚的支柱型产业，淘金热潮也吸引各国有志之士前去淘金，且带动其农耕业、手工业、捕猎业等蓬勃发展。各大殖民地在经济快速发展的同时也各自为政，曾一度限制移民的入境。“一战”“二战”爆发后，澳大利亚面临劳动力缺失，才逐渐意识到政策的不合理，颁布了新的法案。加之欧洲文化的传播，澳大利亚逐渐树立起反权贵、求平等的思想理念，重在拥护自由，加剧了对阶级权贵的不信任，自然对公权力的腐败行为也不能容忍[1]。

澳大利亚的清廉，除了因具有反腐败的文化意识形成了歧视腐败的社

[1] Immigration history of Australia，载维基百科，https：//en. wikipedia. org/wiki/Immigration_history_of_Australia，访问日期：2023年1月7日。

会氛围外，反腐败专门机构也起到了重要的作用。20 世纪 80 年代，澳大利亚的腐败问题稍显突出，媒体称这段时间为“贪婪的 10 年”，贪腐犯罪率不断攀升，政府官员权钱交易、逃税漏税的丑闻频繁，社会道德观也严重倒退。为此，澳大利亚开展了反腐败活动，并借鉴了中国香港廉政公署的经验，相继建立了反腐败的专门机构。新南威尔士州 1988 年单独成立了反腐败独立委员会（the Independent Commission Against Corruption，简称 ICAC），威力十足；皇家调查委员会和警队操守委员会则专门预防和查处警察腐败案件。

澳大利亚已逐步形成了廉政的官场秩序。众所周知的“红酒罗马案”，一瓶红酒导致当红州长陷入受贿风波，随后引咎辞职而下台，也引发了澳大利亚上下震动，由此可见，澳大利亚对待腐败的打击力度之大。但政治献金作为西方众多国家政治体制下竞选过程中存在的一个普遍性问题，自然也是澳大利亚反腐必须面对的问题❶。

尽管澳大利亚的腐败现象非常少见，但仍然存在，且在公共机构管理领域更为明显。澳大利亚的公共服务委员会曾发布调查报告，称公共服务机构公职人员的腐败行为又翻了一倍，任人唯亲、裙带关系是最为常见的表现。某州高级法院的法官也曾表示，腐败问题已经在群众没有意识到的情况下变得更为普遍。这一点从近些年来清廉指数的突然下降也可以看出。同时，从事公共服务业的工作人员虽然知道如何举报腐败犯罪，如何让调查机构介入调查，但在很多情况下却不敢举报上级领导，甚至同级同事，且这成为一种不成文的习惯❷。

澳大利亚的公众与媒体监督十分发达。公众可以通过免费的热线电话、电邮、写信等远距离方式，或者亲自到有关部门进行投诉和举报，从而实施公众对公职人员的监督权。不仅如此，澳大利亚的联邦议会上院和

---

❶ 季美君：《澳大利亚反腐丨一瓶红酒导致州长下台》，载正义网，http：//www.jcrb.com/anticorruption/ffpd/201701/t20170103_1702431.html，访问日期：2017 年 1 月 3 日。

❷ 《澳大利亚公共机构乱象横生腐败增多、故意欠薪》，载中国新闻网，http：//news.sina.com.cn/o/2018－01－10/doc－ifyqqciz4598809.shtml，访问日期：2018 年 1 月 10 日。

下院会场都分别有专门供记者采访的座席区，报刊、电台、电视台等平台的记者可随意旁听议会辩论，以便记者们了解议会讨论详情并便于他们提问。上院和下院会场还各自设有6个摄像机位置，供电视台全程直播议会辩论实况，让广大群众都能够实时、清晰、透明地了解议会日常工作，从而予以监督与评价❶。

二、澳大利亚的反腐败法律规定

澳大利亚虽然是以判例法为法律主要渊源，但越来越注重发挥制定法的作用。随着历史发展，其在反腐败领域与规范公职人员行为领域都制定了一定数量的制定法，以此督促公权力的运行、肃清权力滥用。澳大利亚虽然是一个联邦制国家，但联邦法与各州法律规定不同的，仍然以联邦法为准，甚至联邦法可以否定与其规定不一致的各州法律，故此，这赋予了联邦反腐败立法在各州极大的适用度与较高的推行力度。

澳大利亚现行打击腐败犯罪最重要的法典是《刑法典》（*Criminal Code*），经过多次修订完善，至今仍得以适用。此外，澳大利亚各个领域的立法也包含部分反腐败规定，如针对监察专员的行为规范制定出《监察专员法》；《犯罪收益追缴法》（*Proceed of Crime Act*）列明了大量对腐败犯罪收益予以追缴条款；为联邦公共服务委员会所制定的《公共服务法》；等等❷。与此同时，澳大利亚也积极参与国际反腐败活动，是联合国《反腐败公约》的缔约国、经济合作与发展组织《打击在国际商业交易中贿赂外国公职人员公约》的缔约国，是G20反腐败工作组、亚太经济合作组织反腐败和透明度专家工作组的成员，也参加了亚洲开发银行经合组织亚太

❶ 王辛敏：《国外肃贪反腐扫描专题系列之三　澳大利亚：公职人员的监督管窥》，《中国监察》2004年第5卷。

❷ 尤娇娇：《澳大利亚反腐法律制度研究——以联邦立法为中心》，学位论文，华东政法大学，2018年。

地区反腐败倡议[1]。2018年，我国也同澳大利亚签署了《中华人民共和国国家监察委员会与澳大利亚联邦警察反腐败执法合作谅解备忘录》，这是我国国家监察委员会成立后首次同西方国家所签署的反腐败合作执法文件，对中澳两国反腐败合作体制的建设具有重大意义[2]。以下将对澳大利亚最主要的《刑法典》及其它较为重要的反腐败法作简要介绍。

（一）《刑法典》

澳大利亚现行《刑法典》是1995年制定的，后来一直根据实践发展与司法需要，在完善法典中的规定，最新颁布的修正案是2018年第156号法案。《刑法典》用专章规定了许多惩治腐败的条文。

首先，《刑法典》规定了散落在各章的贿赂罪名，有贿赂外国公职人员罪，对贿赂外国公职人员罪进行了定性与罗列，同时规定了相关的豁免情形予以行为人抗辩；以及对信息保密部分作出专门规定，包括现任与前任联邦官员等对固有有害信息的沟通与处理、对澳大利亚利益造成损害的行为、未经授权披露信息、由非联邦官员交流和处理消息的行为。其次，专设了“贿赂及相关犯罪”的章节，对利益与利益的获取下了定义，并详细罗列了贿赂联邦公职人员罪、给予联邦公职人员或由其接受的腐败利益罪、滥用公权罪的具体构成情形和不同情形对应的法律后果[3]。

随着《刑法典》的逐步修正，腐败犯罪的刑罚也愈加严格。以艾伦受贿案为例：艾伦是澳大利亚移民和边境保护部门的签证处理员，于2013年至2014年非法收受多名申请人的钱财，并授予不具有签证资格的申请人以移民签证。该案件于2016年作出终审判决，被告人艾伦同时构成滥用公权

---

[1] 《打击腐败的全球领导地位》，载澳大利亚总检察署官网，https：//www. ag. gov. au/integrity/anti - corruption/global - leadership - combating - corruption，访问日期：2023年1月3日。

[2] 《中国和澳大利亚签署反腐败执法合作谅解备忘录》，载中央纪委国家监委网站，https：//www. takefoto. cn/viewnews - 1648072. html，访问日期：2018年12月14日。

[3] 《1995年刑法》，载澳大利亚政府联邦立法登记册，https：//www. legislation. gov. au/Details/C2019C00043，访问日期：2019年1月17日。

罪与受贿罪，严重触及政府的权威与公信力，予以重惩[1]。

（二）《公司法》

澳大利亚《公司法》（Corporate Law）借鉴英国《公司法》，主要规定了各州共同关注的涉及公司的法律问题，赋予国家监管机构澳大利亚证券和投资委员会（Australian Securities and Investments Commission，简称ASIC）管理公司事务的权力。

根据《公司法》部分条款规定，公司贿赂也是腐败犯罪，如个人或公司故意或鲁莽地在其会计文件中促成、隐瞒或掩饰非合法发生的贿赂、腐败或个人损失也属于犯罪行为，即“虚假会计罪”。因此，《公司法》是公司内成员履行法定职责的依据。该部法律规定了公司成立的法定条件、公司股本的限制、公司治理的标准与程序，包括公司章程、工作人员、董事职责，也规定了公司收购、控制交易与重组的内容[2]。公司内所有的工作人员均须遵守《公司法》的相关规定，履行法定义务与权利，若违反规定存有腐败行为，将构成犯罪。如《公司法》规定董事有责任全面披露交易中存在任何利益，如董事私自获取利益非法行使职权，即构成犯罪。

（三）《犯罪收益追缴法》

《犯罪收益追缴法》是一部关于追缴犯罪收益的法律，目的是防止犯罪人从其刑事犯罪中获得收益且逃过追缴。这部法律规定了财产的扣押、冻结、限制和没收以及相应的罚款，贿赂所得的财产当然也适用以上后果。通过贪腐、贿赂等犯罪行为所获取的任何利益，都可以依据该法予以没收，且该部法律还特别规定，允许法院继续追查、限制和没收具有起诉

[1] 尤娇娇：《澳大利亚反腐法律制度研究——以联邦立法为中心》，学位论文，华东政法大学，2018年。

[2] 《澳大利亚公司法》，载维基百科，https：//en. wikipedia. org/ wiki/Australian_corporate_law，访问日期：2023年1月3日。

可能的罪行收益，存在提前限制财产的可能。此外，法院还可以命令任何人就其来源不明的财产予以证明，解释其是通过合法手段获取的，这对否认贿赂、否认贪腐的公职人员也是同样适用的❶。

根据《犯罪收益追缴法》的规定，被没收的财产将归澳大利亚政府所有，且允许没收财产返还给澳大利亚的社区，以此预防与减少犯罪对社会的负面影响，既起到打击犯罪经济、消除犯罪利润的作用，也让资金回流于预防犯罪领域❷。

三、澳大利亚的反腐败调查机制

澳大利亚作为联邦制国家，为应对联邦腐败问题建立了一系列联邦反腐败机构，与此同时，各州也为了应对州腐败问题而建立了各个州的反腐败机构，如新南威尔士州的反腐败独立委员会、昆士兰的犯罪与腐败委员会、塔斯马尼亚的诚信委员会、维多利亚独立且有广泛基础的反腐败委员会、西澳大利亚的腐败和犯罪委员会，等等。此处介绍联邦的反腐败调查机构，以及州反腐败机构中最著名的新南威尔士州反腐败独立委员会。

（一）联邦警察局反腐调查

对于联邦腐败犯罪，联邦警察局（the Australian Federal Police，简称AFP）是主要的执法机构。联邦警察的职责是执行联邦《刑法典》，协助打击影响澳大利亚国家安全、社会安全、个人安全的复杂、严重、有组织以及跨国犯罪，也包括联邦严重复杂的腐败行为。其行动重点领域包括：调查复杂的、跨国的、严重的和有组织的犯罪；保护澳大利亚群众和澳大

❶ 《2023 年贿赂与腐败法律法规｜澳大利亚》，载 GLI 网，https：//www.globallegalinsights.com/practice – areas/bribery – and – corruption – laws – and – regulations/australia，访问日期：2023 年 1 月 3 日。

❷ 《2002 年犯罪收益法》，载 AFP 网，https：//www.afp.gov.au/what – we – do/crime – types/proceeds – crime，访问日期：2023 年 1 月 5 日。

利亚利益免受恐怖主义和暴力极端主义的侵害；在国际层面上代表澳大利亚警察和执法部门；发展独特的能力和利用先进技术支持澳大利亚的国家利益❶。

联邦警察局根据1979年《澳大利亚联邦警察法》设立，合并了前联邦警察局与澳大利亚首都地区警察局，现在是总检察署的一个独立机构，对总检察长和议会负责。联邦警察早在2013年2月就设立了欺诈与反腐败业务领域，增强对联邦严重和复杂腐败、政府雇员腐败、外国贿赂以及涉及滥用职权等复杂身份的腐败等腐败领域的打击，并与其他机构共同展开反腐败调查❷。联邦警察在收到案件线索后，将对案件进行调查，通过询问证人和嫌疑人、收集证据、有效使用信息、搜查相关场所等调查方法查明案件真相，或者与检察机关合作，出庭并提供证据证明❸。

2020年11月，联邦警察在收到案件线索后，对莱顿离岸公司的前董事总经理进行调查，结果查明其涉嫌海外贿赂以及通过第三方承包商行贿以签订伊拉克原油出口公司的两份输油管道合同，近两年的案涉标的额便高达14.6亿美元。2021年1月，尚在案件调查期间，莱顿公司的前高管便故意提供误导性信息以遮盖腐败丑闻。次月，该前董事总经理就因另一项基础设施合同签订过程中的外国贿赂而被指控。案件至今仍进展缓慢。尽管联邦警察成功起诉的案例越来越多，近年来的执法水平也取得较大的进步，但澳大利亚国际经济活动中很大一部分面临着海外贿赂风险，尤其是采矿、资源以及农业领域，为此，联邦警察在开展海外贿赂调查时仍需要加大资源投入❹。

---

❶ 《我们的组织》，载AFP官网，https://www.afp.gov.au/about-us/our-organisation，访问日期：2023年1月9日。

❷ 《欺诈和反腐败》，载AFP官网，https://www.afp.gov.au/what-we-do/crime-types/fraud/fraud-and-anti-corruption，访问日期：2023年1月9日。

❸ 《警察职业》，载AFP官网，https://jobs.afp.gov.au/become-an-officer/police-officer-careers，访问日期：2023年1月9日。

❹ 《2023年贿赂与腐败法律法规丨澳大利亚》，载GLI网，https://www.globallegalinsights.com/practice-areas/bribery-and-corruption-laws-and-regulations/australia，访问日期：2023年1月9日。

（二）皇家委员会反腐调查

皇家委员会（Royal Commission）是由1902年通过的《皇家委员会法》所设立的运作机构，2010年澳大利亚法律改革委员会对法案进行了相应的调整。联邦与各州都有权设立各自的皇家委员会。皇家委员会实质上是一种政府调查形式，而不是常设组织，它既不具有司法性，也不具有行政性，仅在极少数情况下，才对具有公共重要性的事务进行调查，因此被视为调查的最高形式[1]。通常，政府会颁布文件成立特定领域的皇家委员会，并指定委员会必须完成调查的日期以及提交调查报告的日期，还正式规定了其所有的权力[2]。

皇家委员会由皇家专员组成，皇家专员多为有名的前任或在任法官，本身就拥有相当大的影响力。也正是因为地位高，皇家委员会必然具有广泛的调查权，可以以不同目的、多种方式举行正式听证会；可以与其他正在进行的调查共享信息；可以收集大量信息协助其调查；可以迫使个人参与调查，也叫强制权力，主要体现为传唤证人出庭以回答问题或出示证据，如不遵守将受到罚款、监禁；要求个人或组织出示所要求的文件等。皇家委员会的权力甚至比法官的权力更大，且任何机构都无法阻制它，但这也仅限于特定的调查领域，一旦调查结束后，权力随之消失[3]。近些年来专门针对腐败领域所设立的委员会是2014年成立的皇家工会治理和腐败委员会，对工会的腐败问题进行彻底调查，于2015年交出调查报告，查处

---

[1] 《关于皇家委员会》，载皇家委员会官网，https：//www. royalcommission. gov. au/about - royal - commissions，访问日期：2023年1月10日。

[2] 《皇家委员会的权力是什么?》，载NGM网，https：//ngm. com. au/royal - commissions/powers - of - royal - commission/#：～：text = The% 20Royal% 20Commission%，访问日期：2023年1月10日。

[3] 《皇家委员会的权力是什么?》，载NGM网，https：//ngm. com. au/royal - commissions/powers - of - royal - commission/#：～：text = The% 20Royal% 20Commission%，访问日期：2023年1月10日。

结果表明，除北领地以外的每个州政体都存在广泛的不当行为[1]。

皇家委员会虽然能有效地调查腐败问题，但其并不是一个常设机构，只是临时针对特定问题所设立的调查机构，且只在极少数情况下才会设立，针对腐败而设立的反腐皇家委员会更是少之又少。2017 年，由于澳大利亚金融保险投资服务公司安保集团被爆出滥收费、改文件的丑闻，民众对金融业的信任度急剧下降，直到年底，总理特恩布尔才迫于压力成立了澳大利亚皇家委员会，对整个金融业进行调查[2]。从这一案例可知，皇家委员会的设立条件非常难以达到，且针对金融业的调查虽然也包括腐败调查，但终究不是整个委员会的工作重心。为此，皇家委员会在一定程度上难以有效推进反腐任务。

（三）犯罪委员会反腐调查[3]

澳大利亚有组织犯罪集团广泛参与包括腐败、洗钱在内的犯罪活动，拥有诸多资源和复杂的方法与技术去抵抗执法，并试图通过腐败、勒索等非法手段影响执法人员或重要机构公职人员以获取情报或保护伞来保护自己。为了应对以上严重的有组织犯罪，澳大利亚根据 2002 年《澳大利亚犯罪委员会法》设立了犯罪委员会（Australian Crime Commission，简称 ACC），赋予该机构取得原有的国家犯罪管理局的职能，并吸收了刑事情报局与战略犯罪评估办公室的职能。

犯罪委员会对联邦政府内政部负责，董事会主席必须向内政部部长定期通报委员会履行职责的行为，并根据部长的要求提供任何具体事项的相关信息。犯罪委员会包括董事会、行政协调委员会、政府间委员会、议会

---

[1] 《工会治理与腐败皇家委员会》，载皇家委员会官网，https：//www. royalcommission. gov. au/trade – union/final – report，访问日期：2023 年 1 月 10 日。

[2] 《澳大利亚金融业丑闻频发》，载《人民日报》，https：//finance. jrj. com. cn/2018/04/27080724461980. shtml，访问日期：2018 年 4 月 27 日。

[3] 《澳大利亚犯罪委员会》，载澳大利亚法律改革委员会网，https：//www. alrc. gov. au/publication/for – your – information – australian – privacy – law – and – practice – alrc – report – 108/37 – agencies – with – law – enforcement – functions/australian – crime – commission/，访问日期：2023 年 1 月 10 日。

联合委员会、联邦监察员执法诚信委员会、审计长，各个机构对应行使各自的职能。

犯罪委员会具有一系列调查权力，包括申请搜查令以获取相应的证据、调查受指控的行为、监视设备或平台、拦截电话、访问存储的通信、使用假身份取证。在以上普通调查方法失效时，犯罪委员会还可以行使特殊权力，如直接进行检查、发出传票要求某人参加检查以提供证据、要求特定机构及其工作人员提交相关文件材料、要求提交指定物品等。不配合犯罪委员会调查的相关机构以及特定人员将构成违法，可以被处以罚款、监禁。

（四）国家反腐败委员会调查[1]

国家反腐败委员会（the National Anti – Corruption Commission）是澳大利亚应对日益加重的腐败问题所特别设立的机构，也是最新设立的反腐败专门机构。2022 年 11 月 30 日，澳大利亚议会通过了《国家反腐败委员会法》与《国家反腐败委员会（相应和过渡性规定）法》，这些法案于 2022 年 12 月 12 日予以批准，随后，国家反腐败委员会正式成立，且现有的澳大利亚执法廉政委员会将逐步纳入该委员会。

国家反腐败委员会由专员、副专员和监察员组成，其任命均由议会联合委员会共同商议批准，且专员的任期仅 5 年，不可连任。监察员以及议会联合委员会对该委员会予以监督，包括审查预算和财务、处理对该委员会的投诉、调查该委员会的不当行为。国家反腐败委员会独立于政府运行，专员和监察员将自行决定如何履行职责，包括是否开启对特定案件的调查以及如何进行调查，不听命于其他机构或其他行政机关。

国家反腐败委员会具有调查公共部门腐败以及系统性腐败案件的管辖权，包括犯罪和非犯罪活动，该委员会成立之前发生的行为也将由其管

---

[1] 《国家反腐败委员会立法》，载澳大利亚总检察署官网，https：//www. ag. gov. au/integrity/anti – corruption/national – anti – corruption – commission – legislation，访问日期：2023 年 1 月 10 日。

辖。委员会有权调查公职人员的行为以及具有贿赂可能性的人员的行为，包括但不限于政府部门部长及其他雇员、议会议员及其他工作人员、法定公职人员、承包商以及合同服务提供商，甚至会适当调查第三方，包括可能或已经对公职人员及具有贿赂可能性的人员的行为产生不利影响导致诚实度与公正性有所改变的第三方。

任何人都有权将腐败问题提交给国家反腐败委员会，委员会也可以自行开启调查。对于有披露信息者或记者线人的案件，法律赋予其免予承担民事、刑事与行政责任，并特别批准他们不需要参与任何可能会暴露身份的活动与程序。接到腐败问题后，委员会首先将进行初步调查，以确定有无腐败问题的存在以及具体的腐败性质，并判断它是否可能涉及严重或系统性的腐败行为；如果不属于腐败问题而涉及其他犯罪行为的，应将问题提交给其他机构酌情考虑或调查；如果不属于腐败问题，也不涉嫌犯罪的，委员会将不采取任何行动；如果属于腐败问题，则应当开展调查。委员会具有一系列调查权，包括获取搜查令、在没有搜查令的情况下进入并搜查联邦场所、拦截可疑电话或其他通讯或监视设备平台、获得专业技术人员的协助、酌情举行听证会等。调查结束后，专员应当将调查结果交给总检察长，若举行听证会的，由于涉及公众利益，专员应当将听证报告交给议会。在结果与报告提交之前，专员可以就调查结果提出建议，包括对公职人员的纪律处分建议，但不能做出法院才能确定的刑事责任，收到建议的个人或机构需要及时作出回应。

此外，国家反腐败委员会也具有预防与教育职能，就其所调查的腐败问题、腐败风险以及发现的腐败漏洞、预防腐败措施，可以公开提出加强反腐系统改革和完善实体反腐败安排的建议。

（五）新南威尔士州反腐败独立委员会调查

新南威尔士州是澳大利亚面积最大、人口最多的州，也是城市化、工业化水平最高的州。该州为了应对腐败问题，仿照香港的廉政公署建立了反腐败独立委员会。新南威尔士州反腐败独立委员会作为州反腐败机构，其知名度甚至比联邦反腐败机构更高，公众一致认为该委员会的工作令人赞叹、必不可少。由此可见，新南威尔士州反腐败独立委员会的反腐任务完成得十分出色。

反腐败独立委员会是一个非政治性的独立机构，直接对新南威尔士州议会负责，但不受议会制约控制，也不受政府或其他机构的制约。其设立宗旨是为了调查、揭露并预防公共部门的腐败，从而维护社会公共利益、群众利益。因此，该委员会的主要任务有三个，一是调查腐败行为，反馈调查结果并提供惩罚措施；二是预防腐败发生，为公共部门的职责履行提供建议与指导；三是开展反腐败教育，以其所办理的案例为内容警戒社会公众[1]。

反腐败独立委员会可以受理群众或工作人员对其所在部门的腐败举报，包括但不限于议会、政府、司法机关，并根据具体的举报内容采取措施；委员会也有权主动调查可能存在腐败的案件。对收到的案件线索，委员会首先进行初查，确定该案件是否有展开调查的必要，否则直接终止调查。确定需要调查后，委员会即开启全面调查。委员会的调查权是其职权中最为核心的权力，也确实具有很强的调查权，其有权要求相关机构及其工作人员按照要求提供所需的任何文件材料；有权在任何时候持传票进入任何公共部门的办公室，并对办公室内所有物品与文件进行调查；有权开启公开或非公开的听证会；有权窃听设备；有权截取电话；等等。调查结束后，委员会将视情况决定继续调查与否，继续调查的应当向有关公共部门提供惩罚或其他建议，并向检察机关提交调查结果与移交案件证据[2]。

在反腐败独立委员会调查的案件中，引起广泛关注的莫过于 2014 年曝光的“8 乘 5”窝案。委员会于当年调查中觉察该州政府工作人员涉嫌腐

---

[1] 季美君：《域外反腐 | 澳大利亚反腐见闻二：反腐败独立委员会》，载正义网，http：//www. jcrb. com/anticorruption/ffpd/201701/t20170110_1704960. html，访问日期：2017 年 1 月 10 日。

[2] 季美君：《澳大利亚反腐 | 质量与效率：腐败案调查的最大挑战》，载正义网，http：//www. jcrb. com/anticorruption/ffpd/201701/t20170117_1707715. html，访问日期：2017 年 1 月 17 日。

败，在开展全面调查时，发现所有腐败人员串联起来成立了“8 乘 5”公司，并利用这一公司非法收受政治礼金，以支持和左右当时工党内部的候选人选举，捐资者的目的是希望候选人和当选人支持其经济发展。因涉及公共利益过大，委员会在调查途中还对涉案工会的贪腐行为召开听证会。也因为此案，该州包括州长在内的 3 名部长以及 3 名州议会议员均引咎辞职❶。这一腐败大案曝光了西方政治体制中因选举导致的腐败层出不穷，也彰显了反腐败独立委员会工作的高效，即便涉及州高层的腐败权力，委员会也予以强有力的震慑并深入腐败根源，这也是这一机构为何能赢得民心的重要原因。

（六）其他机构反腐调查

澳大利亚执法诚信委员会（Australian Commission for Law Enforcement Integrity）是犯罪委员会的组成机构之一，其负责预防、调查、报告具有执法职能机构的严重腐败问题，包括犯罪委员会自身的腐败问题，处理与腐败有关的信息和情报。此外，犯罪委员会对应的联邦监察员（Commonwealth Ombudsman）也有权调查委员会与行政事务中不当行为的投诉❷。

澳大利亚证券和投资委员会则根据《公司法》的授权，将对可能违反《公司法》的行为进行调查，在必要时还会启动民事处罚程序。如董事或高级职员违反其诚信义务或不当使用信息或为自己或他人谋取利益。

澳大利亚竞争与消费者委员会（Australian Competition and Consumer Commission，简称 ACCC）根据《竞争与消费者法》的授权，也可对违反该法的不正当行为启动民事处罚程序。

---

❶ 《西方腐败警示录之三：澳大利亚“糖衣炮弹”瞄准政党大老》，载中央纪委国家监委网站，https：//www. ccdi. gov. cn/special/hwfb/gwfbal _ hwfb/201405/t20140528 _23523. html，访问日期：2014 年 6 月 6 日。

❷ 《澳大利亚犯罪委员会》，载澳大利亚法律改革委员会网，https：//www. alrc. gov. au/publication/for – your – information – australian – privacy – law – and – practice – alrc – report – 108/37 – agencies – with – law – enforcement – functions/ australian – crime – commission/，访问日期：2023 年 1 月 12 日。

四、澳大利亚反腐败调查机制的特点

澳大利亚的腐败程度低，足以证明其反腐败调查制度具备足够的优越性，尽管近些年来，澳大利亚的腐败程度有所加深，但其反腐措施也及时调整，给予腐败有力的回击。

（一）反腐配套机制完善

澳大利亚所拥有的清廉氛围，除了因建立起强有力的反腐调查机制外，其他因素也占据了重要的作用。

澳大利亚的移民历史使其具备丰富多彩的包容性文化，也培育了澳大利亚民众追求平等、反对腐败、讲究自由的文化思想，为此，许多公职人员从小接受的文化思想便告诉他们不能腐，也不该腐。澳大利亚虽然没有针对腐败的专门立法，但各个部门法都对腐败有所规制，如《刑法典》成为支持反腐法律制裁的重要依据，同时也明文规定了公职人员的行为准则与不同机构的法定义务，在各个领域予以严格适用。澳大利亚还建立了全面的监督机制，包括议会监督中参议院、众议院、议会下设不同委员会的监督，行政监督中审计长办公室、各部门监察专员的监督等，也建立了透明公开的财产收入申报制度，提供多种途径公开议会辩论、方便民众和媒体举报、投诉等，落实社会监督权。以上因素都为预防腐败发生、制止腐败行为提供了重要途径，也赋予了反腐败强大动力。反腐调查则作为清除腐败的有力武器，在腐败发生后也给予精准的反击与严厉的惩罚，切断犯罪人再犯的心思。并且，许多反腐败调查机构并非仅仅有调查腐败这一项职能，如专门针对腐败的新南威尔士州反腐败独立委员会定期开展反腐败教育，将反腐成果及时公开，以其所办理的案例或获取的材料为素材教育社会公众，这也是反腐教育的重要方式。为此，反腐调查与其他反腐因素一定程度上是相互融合、相辅相成的，共同助力反腐败进程。

（二）联邦与各州调查机构各司其职

在澳大利亚的联邦制之下，各个州均有独立的管理制度与特有体系，面对反腐问题，自然也有不同的应对方法。与联邦不同的是，各州除了有传统的警察机关、检察机关负责案件的侦查外，几乎每个州都有专门的反腐调查机构。

新南威尔士州的反腐败独立委员会和廉政公署、昆士兰的犯罪与腐败委员会及反犯罪与渎职公署、塔斯马尼亚的诚信委员会、维多利亚独立且有广泛基础的反腐败委员会和举报信访办公室、西澳大利亚的腐败和犯罪委员会、南澳和北领地的廉政公署等，都是各个州专门建立的反腐调查机构，有的州甚至设置了多个独立的反腐机构。其中最出名的是人口最多的新南威尔士州建立的反腐败独立委员会，其知名度比联邦机构还要高，究其原因是该机构大力查处州立法、司法与行政机关的腐败丑闻，成果显著并公开其调查结果，使得公众对其信任度大幅度提升，且该机构本身的独立性、调查手段的强权性便提前带来反腐必胜的结局。同时，该州还设立了检查员，全程监督这一机构的工作，防止反腐机构自身腐败的发生。这些州反腐调查机构能够快速、敏锐地发现州内的腐败案件，从而给予最直接的调查，大幅降低了跨州调查的难度，且州与州的反腐效果也更加有针对性，对相应的公职人员也有更直接的警戒效果。

尽管各州的反腐调查机构分工细密、反腐效果良好，但也存在着各自为政的现象，尤其涉及联邦问题与跨州问题时相互扯皮的现象极其严重，国家级反腐机构的缺乏使得国家反腐工作缺乏统一的指导。随着时代发展与技术升级，腐败案件难度升级，传统腐败与新型腐败并进，这些问题往往都需要多部门、多机构携手共同处理。仅靠州与州的反腐合作予以推进，显然是不够的，且容易滞缓反腐进程。压力本就很大的传统执法机构，在处理腐败问题的同时也要处理其他犯罪问题，显然也会力不从心。并且，腐败问题已经引起民众的广泛关注，危及国家利益与社会公共利益，对此需要投入更多的关注。这一切都说明联邦必须有专门的反腐机构，从国家层面攻破联邦腐败问题，针对性地提出反腐攻略，势必对反腐任务的开展有利无弊。尽管现在已经建立起联邦国家反腐败委员会，但其真正的反腐效果，还得靠时间来检验。

（三）成立新调查机构与时俱进

澳大利亚被视为拥有全球最廉洁的政府系统，社会清廉程度也受到国内外赞叹，但实践中仍然存在腐败问题。近些年来，澳大利亚的腐败丑闻偶有发生，固有的腐败问题与新兴腐败因素都蠢蠢欲动，清廉指数与国际排名的下降足以证明这一点。在腐败问题逐步攻击澳大利亚的廉政系统时，有许多声音呼吁成立新的反腐调查机构。

事实上，澳大利亚联邦层面缺乏专门反腐机构这一问题早被多次提起，多任总理与其他高官多次呼吁，但都没有真正建立。在腐败情况恶化之时，2019 年工党明确提出要建立联邦层面的专门反腐机构，2022 年 5 月成功胜选执政后，这一决议才开启进程[1]。同年 11 月，澳大利亚议会迅速通过《国家反腐败委员会法》与《国家反腐败委员会（相应和过渡性规定）法》，联邦专门反腐机构即国家反腐败委员会就此设立，这是澳大利亚反腐历程的重要进步，也是打击腐败的新进程。尽管国家反腐败委员会于 2023 年年中才正式运行，但相关法律已经赋予该机构具体的组织机构、人员编制、职权义务，且该机构也已经在收集相关信息，为正式工作奠定充分的基础。澳大利亚的反腐调查机制在时代演变中逐步完善，在填补联邦反腐败空缺的同时，也为澳大利亚的反腐败进程注入新的动力。与时俱进的反腐调查机制彰显了澳大利亚反腐的决心。

---

[1] 《澳大利亚准备成立反腐委员会，澳总理：诚实、责任和公正的胜利》，载环球网，https://baijiahao.baidu.com/s?id=1750965234259106878&wfr=spider&for=pc，访问日期：2022 年 12 月 1 日。

（四）反腐整体效果较为突出

澳大利亚的反腐效果总体上较为良好，清廉指数连续多年保持在70分以上。

反腐调查效果好有三个重要的原因：一是初查制度提高效率。澳大利亚大多数反腐调查机构都设置初查制度，即收到投诉者的腐败举报材料后，对于是否开启全面调查进行审查。初步调查是对案件的简单调查，对明显不具有腐败因素的案件如可能是他人恶意报复等，调查机关将不予调查，只有具有腐败可能性的案件才会开启全面调查。初查制度大力提高机关处理案件的效率，节省人力、物力、财力的投入。二是反腐调查权力有力且严格。无论是传统的犯罪调查机构，还是专门的反腐调查机构，又或是联邦调查权，抑或各州调查权，“调查权”都是其所有职权中最核心的权力，没有调查权，腐败事实的有无无从可知，也就无法打击腐败。常有的调查权有：要求相关机构及其工作人员提供调查所需的任何文件、材料；在任何时候持特定文件进入任何公共部门的办公室；要求对特定场所内的任何物品进行调查；窃听设备；截取电话；开启听证会；等等。调查权涉及的领域越多、手段越高超，调查机关能够触及的腐败事实也就越多、越真实。当然，许多民众对调查权是否触及隐私权以及信息安全仍然有所质疑。三是反腐调查机构敢于深入腐败高层。即便涉及联邦或各州高层的权力，相关反腐机构也都会予以深层次的调查，破除高级官员的腐败问题，这与其他国家的反腐机构不敢深入调查形成鲜明的对比。深入腐败高层的调查才能有效惩治腐败问题、清除腐败因素，澳大利亚反腐调查效果才会良好。

发达的澳大利亚是现代化工业国家，也是全球第四大农产品出口国，其矿产业、农牧业、采矿业、制造业、服务业、高科技产业等都属于高质量产业，一同促进其经济迅速发展以及对外贸易的升级。同时，澳大利亚的文化氛围浓厚，社会环境优越，社会保障稳定，吸引各国不少移民。澳大利亚的清廉氛围也是闻名于世的，尽管近些年来也爆发了一些腐败丑闻，但廉政的思想文化仍未改变。

澳大利亚特有的历史使其形成了反对腐败、追求平等公正的文化理念，法律也对腐败行为严加惩处，形成了《刑法典》为主体、其他法律规范为辅的反腐法律规范体系。澳大利亚联邦与各州也建立起各自的反腐调查机关，联邦有传统的联邦警察作为查处腐败犯罪的主力，有犯罪委员会应对严重的、有组织的重大腐败犯罪，有针对特殊腐败行为而成立的皇家委员会，还有即将设立的国家反腐败委员会；等等。各州除了传统的执法机关调查腐败外，还有专门的反腐败机关，最引人注目的莫过于反腐效果良好、取得民心的新南威尔士州反腐败独立委员会。此外，澳大利亚也针对立法、司法、行政建立了针对性的监督机构与特有制度，使得每个机关都处于透明公正的监督之下。民众也有社会监督权，通过举报、投诉、监督公开的业务活动予以有效行使。诚然，澳大利亚的清廉指数与国际排名有所降低，但澳大利亚也迅速调整和完善了现有的反腐机制，及时回击腐败行为。澳大利亚的反腐经验值得各个国家借鉴。

第十章　各国反腐调查机制总体评析

腐败是阻碍各国发展、破坏清廉社会风气的绊脚石，也是各国社会发展进程中需要积极克服的难题。为此，许多国家都建立了自己的一套反腐败机制，力图查处腐败违法、犯罪案件，铲除腐败产生的根基。韩国、印度、俄罗斯、意大利、瑞典、法国、英国、美国、澳大利亚这九个国家就自身的腐败情况，依据本国国情、借鉴他国经验，建立了各具特色的反腐败机制，为其他国家提供了反腐败的正面经验，其不足之处对于其他各国而言也是一个提醒，让各国可以避免犯同样的错误，从而更稳固地触及腐败产生的根基。如美国的独立检察官制度，虽然在美国国内已经丧失了法定依据，但韩国借鉴其制度建立了特别检察官制度，至今依然在其国内适用；瑞典的监察专员制度创新了传统的行政监督制度，为世界各国所广泛参考；韩国几任总统爆发的腐败丑闻涉及各个领域，其反腐机制也随之引起关注；等等。

尽管上述九个国家的反腐调查机制具有一些共性，如出台刑法、反腐专门法律作为反腐调查的法律依据，警察机关、检察机关等执法司法机关对腐败犯罪进行调查和起诉，监察机关负责政府行政部门的反腐监察等，但是由于各国具有不同的文化背景、法律传统、政治体制和社会发展因素，因此，腐败程度相差较大，反腐力度不同，反腐调查机制的主导要素不一，从而呈现出不同的反腐效果。

一、腐败问题与各国文化的联系[1]

各个国家基于不同的历史发展、经济发展、政治变革、社会各项因素的演变，往往拥有独属其国家、民族的文化及其氛围。而各个国家腐败的产生、扎根与延续往往离不开文化因素，且很大程度上历史文化的发展会加剧或滞缓腐败向社会各层面的深化，不同文化营造的氛围也使得各国民众对腐败的态度不同，一定程度上影响了反腐败措施的不同走向。上述九个国家最终形成不同的观念，对于反腐败态度的影响各不相同，也促使各国走上了不同的反腐道路。

（一）廉政文化营造清廉风气

瑞典是众所周知的清廉国家，其清廉成果与高福利制度一样受到全世界的赞叹与效仿。因历史与文化的影响，瑞典形成的文化观念是诚信、公平、正义，认为腐败是无法接受的事情，故公职人员与普通公民很少通过腐败去获取钱财。且为了渲染、稳固这一文化氛围，瑞典的清廉文化纳入了教学、教育之中。从入学开始，学校配设的法律道德课就会培养每个学生正确的价值观，包括反腐败、诚实守信的意识与社会正义感，使得反腐败观念深入身心，并不断升级、完善道德教育体系与社会道德体系。同时，瑞典设置了许多制度，使得公民诚信在社会生活中的作用越发凸显。比如诚信记录公开制度，各部门可以随时查阅公民的个人信用记录，污点记录也将影响公民生活各个方面；监督制度，通过各个领域包括立法、司法、行政、政党、审计、公众、传媒等的监督机制，使公职人员行使职权的整个过程公开透明，更有利于腐败行为的发现与遏制。这些制度与瑞典良好的经济发展环境、传统法律思想的熏陶、法律法规的健全发展等，共

[1] 孙晓莉：《国外廉政文化概略》，中国方正出版社，2011 年。

同持续深化瑞典的清廉文化，且将其渗透进社会各个角落[1]。

英国同样具备良好的廉政氛围，尤以其道德教育为反腐败教育的重点工作，并主要通过四种方式予以推行。其一，英国借助其宗教教育，让学生意识到受宗教传统文化影响的历史及文化的多样性；其二，学校会开设专门的道德教育课程，帮助学生培养正确的观念与情操，树立责任感与公平、正义观念；其三，学校重视个人品行、礼仪的教育，旨在促使学生对文化与行为关系之间的认识正常；其四，通过其他学科与活动落实道德实践的渗入，最常见的是蕴含于历史、艺术、社会教育课程中，以开展课外活动来形成文化与实践的双向促进模式。此外，英国公职人员也需要接受道德教育，养成自律、自洁的行为规范，从源头上遏制腐败行为的发生。

（二）部分落后观念加剧腐败发生

俄罗斯经过漫长的发展，形成了独具特色的俄罗斯民族文化，呈现出人道善良但倾向暴力、自由放纵但有时专制、追求真理但信奉宗教、民族主义但自吹自擂等文化观念。阶级差异、专制思想、放肆自由的理念使得腐败的存在更加自然，在原始积累的主导以及官僚资本的形成中，下层腐败逐渐扩散至上层腐败，并蔓延至日常生活中。且俄罗斯民族是宗教民族，所信奉的宗教主张博爱、宽恕，故信徒对社会的容忍程度更高，对腐败的接受程度也随之更高，因而加剧了腐败的蔓延与深化。

美国受新教伦理的影响，树立了清正廉洁、公平正义的正面观念，然而，由于其腐败文化扎根于政治文化，其中的任人唯亲观念使得腐败难以被铲除，美国的政党文化正体现了这一点。政党候选人获得大选胜利后，将高官职位作为支持大选的报酬分配给支持者，为腐败的产生提供了“合理”的依据。但与此同时，美国也积极健全监督与舆论制度，将公职人员的职务活动变得公开、透明，为社会营造自由、宽松的氛围，力图将腐败

[1] 何永进：《瑞典廉政文化及对反腐败的影响》，硕士学位论文，河北师范大学，2010 年。

控制在一定层面。

韩国也存在任人唯亲的观念。每届新政府上台时，上至政府的部门领导，下至普通机构的负责人，都可能被换为在竞选中大力支持的幕僚，抑或亲戚、朋友、同一党派的支持者和其他利害关系人。这一理念本身就是腐败的文化，指引着腐败行为的发生，该理念的内化、习惯化都在放纵腐败的发生与延续。目前，韩国也在积极开展反腐败教育，完善中小学生的道德教育体系，利用社交舆论等广泛传播反腐败文化，注重建立一个反腐程度日渐提高的社会。

印度的腐败问题同样也有深远的历史文化渊源，其自古以来就是具有宗教信仰的国家，所信奉的宗教文化种类之多，形成了宽容、包含的文化氛围，对腐败的接受程度也提高了。且印度的“种姓文化”“敬神观念”“达摩观念”等理念将印度民众划分为不同等级，长期禁锢民众的思想，使得民众从始至终贯彻着等级思想，直至法律明文废止等级秩序，都无法消除该思想对民众的负面影响。这种强烈的不平等观念纵容了高等级人群的权力挥霍与私利谋取，促使腐败丑闻愈加频发，而低等级人群对固有等级麻木，也对腐败的发生相当漠视。

二、法系影响在反腐法律中的体现

本书介绍的九个国家分别属于英美法系、大陆法系或混合法系。不同法系有各自的特点，法律背景不同，对反腐败法律体系的形成起到直接的影响。但无论哪个法系，都有一定数量关于反腐败的部门法或包含反腐败内容的法律，且大部分反腐调查机构的设立都是通过立法确定的。

（一）英美法系国家

在英美法系中，法官在审理案件时创立的判例法占据重要的地位，这也是为什么英美法系国家的制定法较少，反腐败领域的法律也相对更少。

但随着法系之间的相互交融，英美法系国家的制定法数量也在不断增加，只是仍然受到判例法解释的制约，且对法律制度的影响远小于判例法。

英国、美国是英美法系的典型代表，比起其他国家，这两个国家关于反腐败方面的法律较少，专门的反腐败立法更少，尤其是英国，但这两个国家的法律制度仍然存在差异。英国形成自上而下统一的法制体系，而美国的体系更为复杂，除了联邦具有独立的法制体系，各州也具有独立的法制体系，包括法律、立法机关、行政机关、司法机关等，且由于各州的社会环境、历史背景存在区别，美国各州的法制体系都显得极不统一。对于专门反腐败机构的设立，英美仍然是以立法来确定的，如英国通过《刑事司法法》设立反严重欺诈办公室，通过《犯罪与法院法》设立国家罪案署；美国通过《监察长法》设立总监察长办公室；等等。

此外，澳大利亚也属于英美法系，受英国的影响较大，且由于独特的国情，彰显出具有本国特色的法律体系。同样，澳大利亚也属于分散式法律体系，联邦与各州各成体系，澳大利亚也根据《澳大利亚联邦警察法》设立联邦警察局，根据《皇家委员会法》设立皇家委员会，根据《澳大利亚犯罪委员会法》设立犯罪委员会，根据《国家反腐败委员会法》与《国家反腐败委员会（相应和过渡性规定）法》设立国家反腐败委员会。

（二）大陆法系国家

在大陆法系中，法典化的制定法是体现其法律渊源的最主要表现，且法律渊源呈现愈加多元化的趋势。此特点在反腐败法律体系中的体现尤为明显，除了有专门的反腐败法律外，刑法典、民法典、行政法法典也有关于公职人员违反职权、职务以及违反法律后果的规定，此外，其他领域的法律如关于公职人员的行为准则、劳动法律、各部门法律等也有关于腐败行为的条款，从而构成了完整的反腐败法律体系。

瑞典、法国属于大陆法系。这些国家所制定的法律较为丰富，包含反腐败内容的法律也更多，如瑞典的反腐败法律便有《刑法典》《政府法典》

《新闻自由法》《议会法》《公共采购法》《行政程序法》《反贿赂法》《公职法》《竞争法》《营销法》《审计法》《举报人法》等。且每个国家至少有一部专门为反腐败制定的法律，建立了丰富的反腐法律体系。和属于英美法系的国家一样，对于专门反腐败机构，大陆法系国家也仍然是通过法律予以设立的。如瑞典的宪法法律《政府文书》规定议会应任命议会监察员；法国的《萨宾第二法案》设立了反腐败总局；等等。

（三）混合法系国家

由于特殊的历史，包括殖民历史，印度的法律体系和内容依旧保留着传统的痕迹，虽然属于英美法系，但印度法的内容不单单受英美法系的影响，还有大陆法系的内容，比如，其法律渊源便彰显了大陆体系的色彩，包含了法典、单行法律、行政法规、判例等。此外，印度法也积极吸纳外国法律的精华，形成了“大杂烩式”的法律体系[1]。

韩国虽然属于大陆法系，但因历史因素，韩国法律受美国法律的影响较深，如在宪法领域贯彻民主自由、法治和平的原理，参照美国沿用了总统中心制，又依据自身国情明确规定总统不能连任。从反腐败领域来看，最为突出的便是韩国效仿美国所制定的《特别检察官法》，此法设立了相对独立的特别检察官，推动了反腐败工作的进程，依然适用至今。美国的劳动法制度也被韩国大量吸收，形成了灵活多样的公职人员制度体系。

意大利与俄罗斯在法律传统上均属于大陆法系，同样吸纳了英美法系的优良制度，最为突出的是绝对的职权主义诉讼模式移植了当事人主义模式，建立了独具特色的混合式诉讼法律制度。但在反腐败方面，这两个国家均形成了以刑法典与反腐败专门法律为主、其他领域为辅的反腐败法律体系，反腐败框架十分饱满。此外，意大利还根据 2001 年颁布实施的第 165 号法令设立公务员监察局，俄罗斯的《联邦侦查委员会法》则标志着

[1] 《印度法律制度概况》，载最高人民法院云课堂，http：//peixun. court. gov. cn：8080/index. php?m = content&c = index&a = show&catid = 23&id = 6，访问日期：2023 年 3 月 5 日。

联邦侦查委员会成为独立机构。

三、不同权力主导下的反腐调查机制类型[1]

反腐机制的类型并没有严格的定性与区分，有学者认为应分成两大基本类型与四大相关机制，分别是议会主导型反腐机制、行政主导型反腐机制、政党内部反腐机制、司法反腐机制、经济反腐机制和国际合作反腐机制；有学者认为应分成议会主导型反腐机制、行政主导型反腐机制和政党主导型反腐机制；也有学者认为应分成专门反腐败机构机制和无专门反腐败机构机制。以上分类均从不同角度对各国的反腐机制进行划分，均符合各国本身反腐机制的部分或全部性质。笔者则以三权分立中三项权力的属性来划分反腐机制，也即分别为立法主导型反腐机制、行政主导型反腐机制与司法主导型反腐机制。

（一）立法主导型反腐机制

立法主导型反腐机制是指立法机关在反腐机制中处于主要地位，主要的反腐败机构均由立法机关产生，对立法机关负责，受立法机关监督，立法机关对反腐工作起着主导、指导作用。之所以有这种类型的反腐机制，主要是因为这些国家是以立法机关为主的政治机制，立法机关本身就具有较大的权力、较高的政治地位与政治权威，也就能够在反腐任务中掌握主导权，常见的便是议会制政体下形成的反腐机制，尤以清廉国家瑞典、英国等国的议会主导型反腐机制为典型。

瑞典本身的政治机制是议会制君主立宪制，其反腐调查机制便是以议会监察专员制度为主，其他机构为辅。议会监察专员是瑞典立法机构即议会的下属部门，其成员由议会选举产生，所履行工作对议会负责，属于立

---

[1] 朱立恒：《反腐败体制的三种基本类型》，《理论视野》2015 年第 6 期；李秋芳、孙壮志：《反腐败体制机制国际比较研究》，中国社会科学出版社，2015 年。

法机关的监督与调查，且其所辐射的范围非常广泛，包括但不限于行政机关、司法机关、军事机关等。但是，监察专员对议会负责不意味着一味服从，其拥有不受干涉、不受影响、独立且直接完成工作任务的权力。此外，议会监察专员也享有广泛的调查权，为腐败调查的高效运行提供有力的保障。

英国的政治机制也是议会制君主立宪制，议会本身就享有广泛的权力与公信力。英国的反腐机构设置虽然较为分散，且特别强调反腐败是各自领域的任务，应由各部门负责管好分内之事，但其主要的反腐机构大多也由议会产生，对议会负责，受议会监督，且议会在整个反腐过程中起到主导作用，通过颁布法律、设立机构等付诸运行，指导反腐工作的开展。

（二）行政主导型反腐机制

行政主导型反腐是指行政机关在反腐机制中处于主要地位，主要的反腐败机构均由行政机关或行政首脑产生，对行政机关或行政首脑负责，受行政机关或行政首脑监督，行政机关对反腐工作起着主导、指导作用的一种机制。比起议会主导型反腐机制，行政机关本身就是执法机关，故由其设立的反腐调查机构或多或少会受行政机关的影响，从而无法进行有效的监督。代表国家有美国、俄罗斯、法国、韩国、印度等。

美国最重要的犯罪调查机构——联邦调查局是联邦司法部的下属部门，但其局长却由总统直接任命，并经参议院批准，具备十分强大的调查权力，在调查犯罪时可以行使任何法定措施，且部分措施在其他国家是不允许适用的，可见其调查权涉及的范围甚广。此外，美国的监察长、政府道德署等机构的负责人也是由总统直接任命，对总统与国会负责，也体现了行政权力的主导性。需要注意的是，美国虽然有行政主导型反腐机制，但其反腐机制相当全面，涵盖了立法、行政、司法各个方面，三者之间相互独立又互相制衡。

俄罗斯实行的是半总统共和制政体，故其反腐调查机制是由总统与联邦政府统筹领导，主要反腐调查机构如联邦侦查委员会、联邦内务部和联邦安全局、联邦检察官办公室均须向总统与联邦政府定期报告工作，以及对其负责、受其监督。联邦侦查委员会经改革后也直接由总统领导，其成员构成均需要总统批准。

法国根据《萨宾第二法案》设立了反腐败总局，日益成为打击腐败的主力军，其隶属于司法部和预算部，由司法部长和预算部长的授权所成立，且该局的最高负责人由法国总统直接任命。此外，法国国家警察部队也需要对内政部长负责，国家警察部队下的警察支队均需要对行政机关负责。

韩国最主要的反腐调查机关是检察机关，表面上属于司法主导型机制，但其检察机关为法务部属下的行政机构，故仍然是行政机关主导下的反腐调查。

作为印度最高反腐机构的中央警戒委员会，其最高领导也需由总统予以任命，作为反腐败调查的主要部门的中央调查局也置于人事、养老金和公共申诉部属下，对犯罪的管辖权需要取得地方政府的普遍同意，有时甚至受中央政府的政治性控制。

（三）司法主导型反腐机制

司法主导型反腐机制是指司法机关在反腐机制中处于相对独立的地位，之所以不能称之为司法主导型机制，是因为主要的反腐败机构并不会由司法机关产生，而是由立法或行政机关产生，但司法机关对反腐调查工作起到独立的、主导作用的情况。具体表现为司法机关具有相对独立性，能够不受所属机关的控制与指导，独立调查腐败案件，并拥有相应的犯罪调查权。

如美国的特别检察官便是独立于立法、行政、司法与检察之外的特别检察体系，独立自主地负责案件的任何调查，且具有充分而特殊的调查权力，目的就是保障特别检察官最大限度地顺利调查出案件真相，不受其他机关或权力的干扰。同时，特别检察官也不会轻易被免除职务，这意味着其他机关不能在被调查时任意解除特别检察官的职务，从而保证特别检察官的独立性。韩国仿效美国所设置的特别检察官同样具有相对独立性与中立性，对涉及不受民众信任的高级公职人员的腐败案件具有广泛的调查权。

四、清廉指数背后反腐调查效果的不同呈现

根据韩国、印度、俄罗斯、意大利、瑞典、法国、英国、美国、澳大利亚九个国家2019—2021年的清廉指数统计，清廉程度从高至低的排序依次是瑞典、英国、澳大利亚、法国、美国、韩国、意大利、印度、俄罗斯。若分别以清廉指数70、50来划分腐败程度，则清廉国家有瑞典、英国、澳大利亚、法国四个，腐败情况较轻的国家有美国、韩国、意大利三个，腐败情况较重的国家有印度、俄罗斯两个。

（一）清廉指数高于70的国家

瑞典、英国、澳大利亚、法国的清廉指数都高于70，尤其是瑞典，2019—2021年都高达85，可算是全球最清廉的国家之一。总体上看，这四个国家的社会风气良好，官场秩序清廉、干净，腐败丑闻数量较少，公职人员不同程度上树立起“不敢腐、不能腐、不想腐”的职业观念。特别是瑞典的“一杯红酒落马案”更是展现了其对腐败零容忍的态度，如此低的腐败界限让国内外对瑞典的清廉有了更深刻的印象。当然，在这四个国家中，法国近年的腐败案件发生较频繁，整体清廉状况明显低于其他三个国家。

现有腐败较少以及社会清廉氛围使得这些国家处于清廉国家的行列，这其中的一个重要因素在于反腐调查机制的良好运行，通过立法、行政与司法反腐败机构的合作、协调或者单个领域反腐败机构的强有力调查，腐

败被逐步发现并被给予严厉的惩罚。优质的反腐调查效果才能推动公职人员的清廉工作，但这并不意味着反腐败机构的建立遍及各个领域，也不意味着反腐败机制已然健全，如议会的反腐调查机制仅限于议会监察专员，欠缺司法、行政的针对性反腐；又如2022年年末，澳大利亚仍然依据自身腐败情况建立了专门的反腐败专门机构，与时俱进地调整并完善反腐调查机制。

此外，其他反腐制度的运行也是培养清廉国家的重要因素，如财产申报制度、政务公开制度、公职人员管理制度、各界主体监督制度等，还有法律法规对公职人员的职业准则、腐败违法犯罪行为、惩罚与预防都进行了规定，在反腐的“预防”层面起到巨大的作用，与反腐调查的“打击”层面共同结合，创造了良好的反腐效果。

需要注意的是，以上四个国家仍然存在或多或少的腐败，清廉指数的浮动足以证明这一点，西方选举政体已经为腐败的扎根提供了载体，为此，即便是清廉国家，也需要对腐败根基的打击与铲除付出进一步的努力。

（二）清廉指数介于50—70之间的国家

美国、韩国、意大利三个国家的清廉指数介于50—70之间，从2019—2021年的指数变化看，都比较稳定，从一定程度上反映出反腐调查收效甚微，而且官场仍存在任人唯亲的情况，社会风气也无法达到清廉程度，腐败丑闻的频率与清廉国家相比更加高发。尤其是韩国，腐败新闻常轻易占领各社交平台的头条，而且历任总统几乎都存在腐败问题，一旦查处，背后牵扯的势力、案件、金额都非同小可。

虽然以上三个国家能够对腐败违法和犯罪案件作出对应的事中处理，但事后的处理并不到位，也即震慑力所涉及的范围似乎只限于案件中的行为人，而对于其余腐败行为人并没有起到良好的教育和警示作用，这使得腐败案件仍然高发，腐败丑闻接连不断，反腐效果自然难以良好。同时，遇到高职官员时也经常难以顺利开展反腐工作，甚至被权力威胁、造假等干扰从而被迫中断、终止调查，这导致腐败不能被及时遏制，连带范围逐年扩大，发展成难以收拾的政界问题。

有些国家已经建立起了全面的反腐调查机构，却仍然无法对腐败问题进行有力的掌控，如美国针对立法、司法、行政三个领域均设立了对应的反腐传统机构与专门机构，同时赋予这些机构配套的强有力的调查权力，但即便如此，总统及其政府、党派的腐败传闻从未停止，被曝光的军事、政治腐败也十分严峻。此外，韩国、意大利反腐调查效果均揭示其反腐调查机构虽然已经建立，但都面临着需改革、升级、完善的困境，否则难以有效应对国内的腐败问题。韩国反腐机构自身的腐败更是降低了民众对反腐公权力的信任，整改机构势在必行。

（三）清廉指数低于50的国家

从清廉指数上看，印度连续三年徘徊在40左右，而俄罗斯则在30左右，可以说这两个国家的腐败问题都较为严重，已经成为阻碍社会进步的顽疾，其历史文化、政治、经济、社会等各项因素都在加剧腐败问题的发生，公职人员的腐败行为一直存在，且民众对腐败的容忍乃至无视更让官场腐败泛滥不已。同样是同属于亚洲地区的印度，其社会发展情况处于高速发展阶段，社会丑闻包括腐败案件经常发生，无法形成一种清廉的氛围。

这两个国家的反腐调查效果很不理想，均无法触及腐败的根部，仅仅浮于表象，究其原因，反腐调查机构的设立、程序的规定、其他反腐制度与之的协调就已经存在较大的问题。如印度反腐调查机构的公信力、独立性均存在缺陷，机构本身的腐败问题就较多，且惩罚腐败行为人的程序十分烦琐，导致对腐败的惩罚不断拖延，最终到达行为人的惩罚已经离腐败的发生时间甚远，也就淡化了本该有的效果，造成反腐调查效果未能真正发挥。再如，俄罗斯现行的反腐败机制侧重于预防，使得其无法建立起有效的反腐调查机构，故即便俄罗斯采取了许多严厉的反腐措施且看似有效，但其腐败情况仍然严重，调查效果缺乏权力与机构的运行，也就无法起到作用，且机构本身的腐败就占据了一大部分，更加降低了反腐调查的质量。因此，若想改善这两个国家的反腐调查效果，必须整改反腐调查机构与配套措施，使其具有反腐的真正效能。

腐败问题是各个国家共同存在的社会问题，也是阻碍社会进步、经济发展的主要因素之一。各个国家为了应对腐败难题，均设立了不同的反腐败调查机制，对腐败违法、犯罪案件进行调查、处置并予以警戒。瑞典、英国、澳大利亚、法国、美国、韩国、意大利、印度、俄罗斯这九个拥有不同国情和法系的国家均依据各自情况，制定了反腐败法律，设置了反腐败调查机构。

尽管各个国家的反腐调查机制存在差异，也有相似之处，但都存在各自的优点与缺点，或是拥有各自的特色。不管是反腐调查效果良好的国家，又或是反腐效果中等和较差的国家，各个国家都需要继续改革、调整、完善自己的反腐调查机制，以应对越来越复杂的腐败问题，同时，各个国家也应当携手互助，彼此借鉴，共同侦破跨国腐败案件。